知識ゼロから聞いてみた！

投資の素人

資産運用の専門家
ファイナンシャルプランナーでテクニカルアナリスト
横山先生

失敗しない投資信託を教えてください

standards

お金を増やしたいので投資を始めようと思います

横山先生はじめまして！　僕は八柳弘雄と言います。

八柳さん、はじめまして。ファイナンシャルプランナーの横山利香です。

早速なのですが、僕は30歳になりまして、そろそろ将来のことを考えて投資でお金を増やしたいと思っているのですが、どうすればいいのでしょうか？

いきなりですね……。投資といってもいろいろありますが、どうしたいのですか？

どうしたいといわれても、お金を増やしたいとしか……

なるほど……。それならお金の増やし方の前に、まずは何のためにお金を増やしたいのかを考えてみてはどうすか。

何のためって言われると、給料低いし、増えないし、老後の心配がありまして……

それだとまだ具体性に欠けますね。

どういうことですか？

老後が心配と言っても。どれだけの資金が必要なのかわかってないですよね？　そこをまずは具体化していきましょう。

できるだけたくさんのお金を増やすって考え方はだめなんですか？

その考え方だといくらお金を貯めても満足できませんよ。たとえば、70歳を超えていて1億円の資産をもっているのにまだ不安という人もいれば、5000万円で十分という人もいます。どのくらいあれば自分にとって十分なのかがわかっていないと、不安は解消されないでしょう。

えぇ……。1億円持っているのに不安に思う人もいるんですか！

十分すぎる資産を持っていても、具体的にいくらあれば安心できるという基準を自分で持っていないと不安になってしまう人は意外と多いですよ。

僕だったら1億円あったら、安心しきって生活できそうだけどなあ。

そう思って、豪遊してしまうとお金が足りなくなったりしてしまいますよ？

たしかに……

大事なのは、自分がいくら必要なのかを明確にしておくことです。

そういわれても、よくわからないなあ……。たとえばですけど、以前、ニュースで老後のために2000万円が必要と見ましたし、2000万円を目標にするとかでもいいんですか？

具体的な金額なのはいいですね。ただ、投資だけで2000万円まで増やすというのはなかなか難しいですよ。

え、そうなんですか？　よく億り人とかいって1億円以上を投資で増やしている人を週刊SPA！とかで見ますけど。

投資でそれだけ増やせるのはほんの一握りの人です。それにそれだけ増やしている人は、軍資金が1000万円とかある人も多いのも事実です。

1000万円……。とても用意できそうにないですね……。

それに八柳さんは、投資に時間が取れますか？　1億円以上稼ぐような人は専業兼業を問わず、投資に対してそれなりの時間を割いている人が多いですよ。

あ、それは無理です。仕事もあるので投資に多くの時間をかけることは厳しいです。

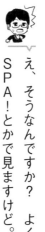

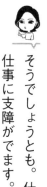

そうでしょうとも。仕事しながらでも投資で稼ぐことはできますが、やりすぎると本業の仕事に支障がでます。

じゃあ、老後のために２０００万円貯めるとかは無理じゃないですか？

よく言われるその２０００万円問題ですが、貯蓄や退職金なども含めてなので、投資だけでそこまで稼ぐ必要はありません。

あ、言われてみればそうですね。ちょっと焦りすぎていました。

働いている会社から支払われる退職金や貯蓄などを考慮して、自分が稼がなくてはならない資金を考えていきましょう。

なるほど……。今までこれだけ貯金できて、出費を見直して……、それでも投資で数百万円は稼がなくてはならないのか。

そうですね。八柳さんみたいな老後までまだまだ時間がある人はプロに任せられる投資信託を始めるのがよいのではないでしょうか？

投資信託って聞いたことはあるんですが、よくわからないんですよね。

そのために私たちファイナンシャルプランナーがいます。そして特に私は資産運用を中心に扱っているのです！　それでは、投資信託について教えていきましょう。

目次

第3章 インデックス、アクティブ、追加型…。投信の種類を教えてください！

第4章 株式？債券？それとも不動産？投資先はどこがオススメ？

第5章 投信を選ぶときはどこをチェックすればいいの?

第6章 投信の買い方ひとつで結果は変わりますよ!

投資信託について解説する人

横山利香

(よこやま りか)

金融専門の出版社やビジネス書籍の出版社で雑誌記者、書籍編集者を経て、ファイナンシャルプランナーとなり、その後、国際テクニカルアナリスト連盟認定のテクニカルアナリスト(CFTe)として独立。株式投資や不動産投資、外貨投資、投資信託など、資産運用をテーマに執筆や講演、投資塾を開くなど活動中。幅広く金融商品への投資を行う個人投資家。

https://yokoyamarika.com/

投資信託について知りたい人

八柳弘雄

(やなぎ ひろお)

今年で30歳になる会社員。これまで投資のことは聞きかじった程度だったが、将来のことを考え投資を始めようと考えている。でもお金は増やしたいけれど、仕事もあるので投資だけに時間は取られたくはない。そんな中、投資信託という投資を知ったのだが…。

必ずお読みください

投資信託はリスクをともなう金融商品です。本書は投信信託についてをはじめとした投資の情報の提供を目的としたものです。本書で紹介している内容によっての投資の結果に著者、および出版社は責任を負いません。実際の投資を行う際にはご自身の責任においてご判断ください。

本書は2020年12月時点の情報をもとに製作しております。

第1章

プロに任せる投信ってラクなのでは？

投資信託はプロに運用を任せる金融商品です。特に投資に関する専門知識はないけれど、投資を始めたいという人には心強い味方。そんな投信の特徴や基礎知識をご紹介します。

仕事しながら
投資でもお金を
増やすしたいです!
まずは投信の
特徴を
知っていきましょう

プロに任せる投信ってラクですか？

投信は、プロが資産運用してくれるって言ってたじゃないですか？　それってラクそうですよね？

投信は投資家から集めたお金をもとに、ファンドマネジャーという運用の専門家が、株や債券などに投資、運用して、その成果を投資家に振り分ける金融商品のことをいいます。面倒な商品の選定や売買を自分で行わず専門家に任せられるので、専門知識がない人にはラクといえばラクかもしれないですね～。

でも、自分で細かく運用すると、もっと増やせる可能性もあるのでは？

自分で運用する金融商品というと、株投資がその代表になりますね。決算発表があれば決算資料を読み、それを元に将来性はどうだとか、今日のニュースにこんな話が出ていたな～とか銘柄ごとに分析して売買を行います。ですが、買ったあとも似たようなことを細か

く逐一チェックしていく必要があります。投資初心者がゼロから始めてすぐにこれらを全部行えるかというと、なかなか難しいかもしれません。

むむ……（面倒そう）

投信は面倒な部分を専門家がやってくれること以上に、世界のさまざまな金融商品に投資できるのも魅力です。さらに、株に投資するには一般的に数万円の資金が必要ですが、投信なら1000円程度から購入できます。少額でさまざまな金融商品に間接的に投資ができるので、まとまったお金がなくても投資を始められるのです！

でも、どうしてそんなに安く投信を購入できるんですか？

投信は多くの人のお金を集めます。ひとりひとりは少額でも、多くの人がお金を出せば大きな資金になり、投信はそれを運用するのです。だから、個人では買えない株価が高い企業への株に投資したり、さまざまな金融商品に投資できるのです。

なるほど〜、ひとつひとつは小さな力でもみんなの力を合わせれば勝てる！　ってやつですね！

そう！　それに**いろいろな投資対象を購入することを分散投資というのだけれど、分散投資では極端な値下がりによる損失の発生を緩和する効果があります。**そのため、一気に資産の大半を失うということは起きにくいのです。

んん？　分散投資だとどうして極端な値下がりが起きにくいんですか？

株投資で言うとわかりやすいのですが、分野の違うA株、B株、C株に投資している場合で考えてみましょう。仮にA 株が極端に値下がりした場合、B株とC株が値下がりしていなければ、投資資金全体からみれば大きな下落にはなりません。投信もこの例と同じように投資対象を分散しているいので、よほどの事が起きた場合以外は、極端な値下がりはしない可能性が高いでしょう。

なるほど！　それなら安心ですね‼　じゃあ、銀行が勧めている投信を早速……

ちょっと待って！　ざっくり説明したけど、投信はほかにもさまざまなメリット、デメリットがあります。まずはそこを確認してから、購入を検討しましょう。

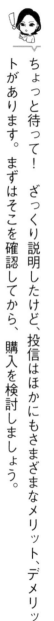

▼投信の特徴は長期投資にあり

それでは先生！　投信の特徴をもっと教えてください！

わかりました。投信はプロが運用する金融商品だといいましたが、プロが運用したからといってすぐに稼げるわけではありません。**基本的に長期での運用が前提になるでしょうね。**

長期運用ってよく聞くんですが、どういうものなんですか？

文字通りですが、数年〜数十年という長期にわたって運用を行うことです。

そんなにかかるんですか⁉　てっきりすぐに稼げると思っていました。よくデイトレードとかで1日で数十万円稼いだとか聞くので……

デイトレードの場合は、1日中パソコンに張り付いて、さまざまな情報を収集して売買を

行わなければならないのですが……すべての人がデイトレードに向いているわけではありませんし、デイトレードは株やＦＸなどで行う取引です。

そうなんですか……

投資と言うと、短期間でたくさんラクに稼げると思っている人が多いのですが、そんなに甘くはありません。だから、投信では時間をかけてじっくりコツコツと稼いでいくことを目標にするのが現実的です。

思っていた投資と違うような……

すぐにはたくさん儲けられないかもしれませんが、長期投資にもいいところはありますよ。

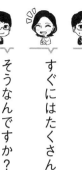

そうなんですか？

長期投資では、短期間の動きに惑わされずに考えが変わらない間は投資を行うことが目的

なので、精神的な負担が軽く、無理せず続けることができます。投資に割く時間を、自分で投資を行う場合に比べると短くできるでしょう。

僕みたいに仕事をしながら投資をするなら、長期投資のほうがやりやすいかもしれませんね。

そうです。それに、**長期投資は複利効果を最大限に活かすこともできます。**

会社の福利厚生なら最大限活かしてますが？

その福利とは違います！　複利効果です！　この効果を取り入れた運用を複利運用といいます。複利運用は、投資で得た利益や配当金を投資元本に加えて運用することです。利益や配当金など投資した金額に対してのリターンの比率を利率と呼び、１年を通しての比率は年利といいます。たとえば、１００万円を年利５％で運用したら税金を考慮しない場合、１年間の利益は５万円です。この５万円をそのまま運用資金に回すとどうなるでしょう？

100万円を単利運用と複利運用をした場合

	複利運用 （年利5%）	単利運用 （年利5%）	複利運用と 単利運用の差
1年目	1,050,000円	1,050,000円	0円
2年目	1,102,500円	1,100,000円	2,500円
3年目	1,157,625円	1,150,000円	7,625円
4年目	1,215,506円	1,200,000円	15,506円
16年目	2,182,867円	1,800,000円	382,867円
17年目	2,292,010円	1,850,000円	442,010円
18年目	2,406,610円	1,900,000円	506,610円
19年目	2,526,940円	1,950,000円	576,940円
20年目	2,653,287円	2,000,000円	653,287円

※税引き前の数値

複利運用と単利運用の比較（100万円で運用した場合）

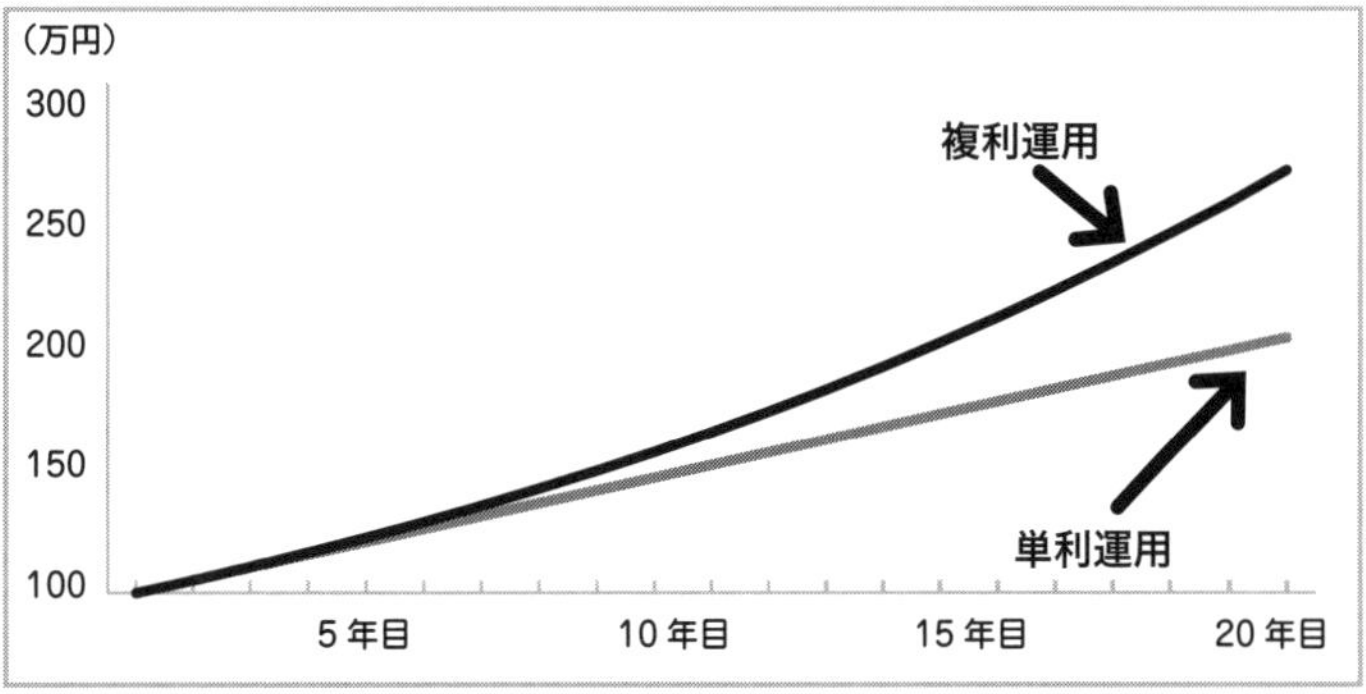

どうなるんですか？

１００万円を投資して年利が５％の場合、１年間の利益は５万円ですから、元の１００万円にその５万円を乗せると１０５万円になります。翌年は１０５万円を運用するので、１０５万円に対しての利益が得られることになります。１０５万円を運用した場合の利益は５万２５００円です。同じ利回りでも、投資元本が増えると利益が増えているのがわかりますよね。複利で運用を行うと、長期であればあるほど雪だるま式に利益が増えていきます。これに加えて、定期的に自分で投資金額を入金して増やしていくことができれば、最終的には大きな利益を得られるというわけです。ちなみに、利益を乗せずに、最初に投資した１００万円だけで運用することを単利運用と言います。

うーん。２５００円とか増えるだけって感じしかしないんですが……。それだったら５万円を別のことに使いたいと思ったり……

21ページの表を見てください。単利で20年間運用した場合の利益は１００万円ですが、複利で20年間運用した場合は１６５万３２８７円の利益になります。

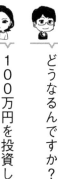

そんなに変わるんですか！

複利効果は、利益が利益を生み出すので、長期になればなるほどドンドン稼げるようになっていきますよ！

複利効果ってすごいなぁ。

投信は分散投資の効果で値下がりするリスクは低くなり、うまくいけば複利効果で利益を伸ばすことを期待できるんです。

でも、いいことばかりだと、なんだか怪しいですね。デメリットもあるんですよね？

複利運用のデメリットは、途中で得た利益を投資につぎ込んでいくので、運用中の利益を使えないということでしょう。

なるほど。途中でお金を引き出すと複利効果がなくなっちゃいますね。

それに投信に限った話ではありませんが、分散投資や複利運用は成果が出るまでにはある程度の時間がかかります。

長期投資でないと、その効果が発揮しにくいというわけですね。

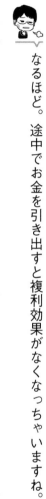

▼マイナスを受け入れる覚悟が必要です

もうひとつデメリットというか、覚悟の問題ではありますが、長期投資では時にはマイナスを受け入れる必要があります。

え、覚悟？　マイナスを受け入れる？　どういうことですか？

投資商品の価格の動きって見たことがありますか？

見たことはないですね……

26ページの図は投信の価格の動きをグラフに表しているのですが、値上がりしたり、値下がりしたりを日々繰り返しています。

たしかに。細かく上昇したり下降したりしていますね。

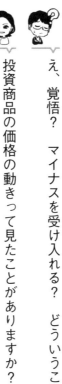

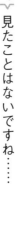

価格は上下を繰り返しながら動く

三菱UFJ国際ーeMAXIS　Slim米国株式のチャート

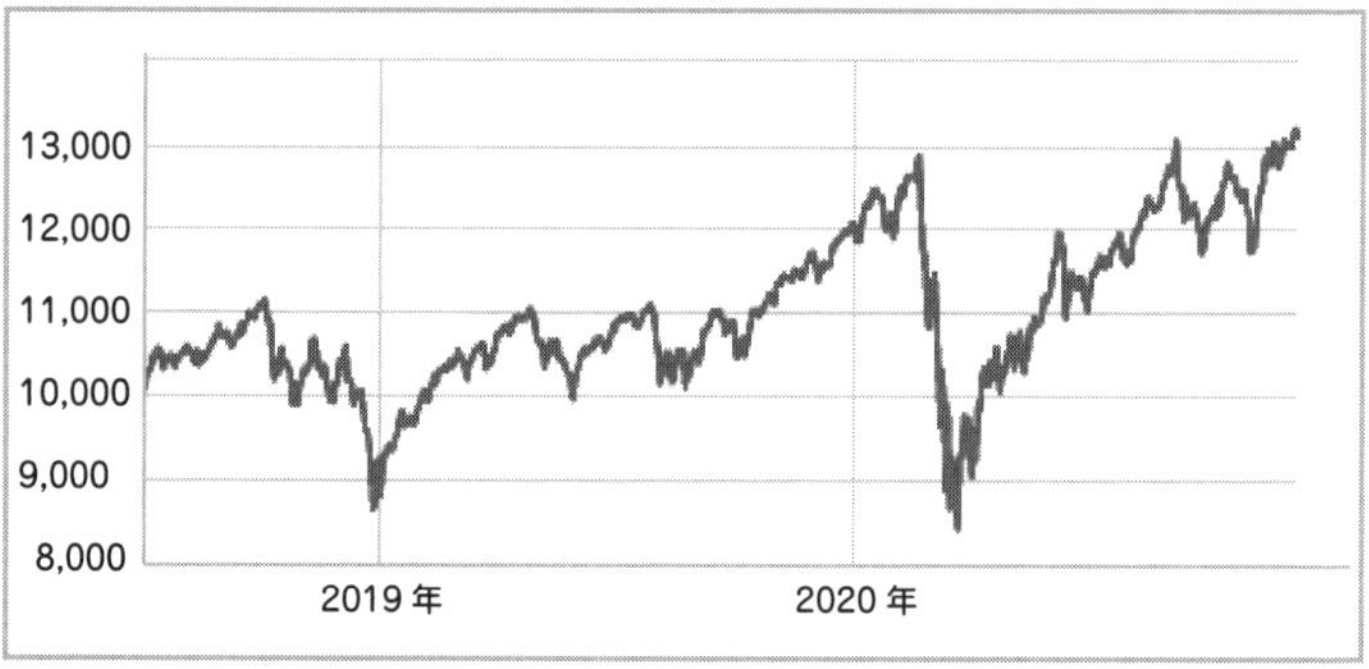

13,000
12,000
11,000
10,000
9,000
8,000
2019 年
2020 年

上下を繰り返しながら価格が動いてますね
一方通行で価格が推移することは少ないですよ

長期投資は、長期的に上昇するであろう可能性を目指すのですが、購入のタイミング次第では投信の価格が下降するとマイナスになってしまう場合もあります。

値下がりする前に利益を得るのはダメなんですか？　そうすればもっと儲かりますよね？

それはそうですが、明日上がるか下がるかは誰に

もわかりませんよね。どのタイミングで値下がりするのかわかっているなら損をする人なんていないんですよ。

それもそうですね……

まぐれで1回や2回程度ならうまく売却できるかもしれませんが、毎回うまく売却することはプロでも不可能と言っていいでしょう。それに、長期投資の目的は、短期的な相場の動きに左右されないことです。投信は長期での運用が前提になるので、一時的なマイナスを気にせずに、最終的な目標を達成できるかを考えていきましょう。

でも、やっぱり損になっているのは気になっちゃうなぁ。

たとえば、１００万円の資金で投信を購入したとしましょう。途中で90万円に減ってから１１０万円になることもあれば、１２０万円まで増えて１１０万円になることもあります。90万円になったからといってやめてしまうと１１０万円に増えませんし、１２０万円から減ることもあるかもしれませんが、１３０万円に増える可能性もあります。

損をしたくないから、途中で売却してしまうと、結果的にもっと損してしまうこともあるんですね。

損失が発生する場合もありますが、長期投資では、最初に設定した期間や金額になるまで持ち続けることが大事なのです。なので、１２０万円が目標金額なら１２０万円で利益確定するのは問題ありません。

投信ってリスクが低いって本当？

投信ってリスクが低いとのことですが、本当ですか？

投信はリスクは低いですが、ノーリスクではありませんよ。

どういうことですか？

簡単に言ってしまえば、**お金が減ってしまう可能性はあるということです。**株投資やＦＸに比べると投信は安全な投資商品というイメージがありますが、リスクがゼロでないことは忘れてはいけません。

僕もなんとなく安全な投資商品だと思ってました……

分散投資なので、リスクは低めですが、投資には変わりないですから。

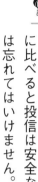

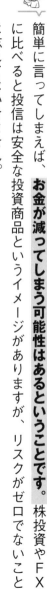

逆にお金が減らなくて増やせる方法ってあるんですか？

ないですね。銀行預金ではお金は減りません。預けておけば利息がもらえますが、その金利はとても低いので増えると言えるかは微妙です……

定期預金でも0・02%程度ですもんね……。1000万円預けても、1年間で2000円くらいしか増えませんね……

投資に限った話ではないですが、リスクなしで増やすのはほぼ不可能なんですよ。

世知辛い……

銀行預金は元本保証されているので、お金は減らない代わりに金利が低いんですよ。でも、**投信は元本保証されていないので、投資した金額以下に減ってってしまう可能性がありますが、その分増やせる可能性があるわけです。**

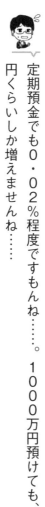

元本保証ってよく聞くんですが、どういうものなんですか？

元本は投資したお金のことで、いわゆる元手資金です。元本保証は元本の額が減らないことです。

投信の場合は、元本保証されない金融商品ですから、預けたお金が減る可能性があるというわけですね？

そうです。投資にリスクはいろいろあるのですが、代表的なものに価格変動リスクがあります。

価格変動リスクってなんですか？

投資対象の金融商品である株式や債券の価格が変動するリスクのことです。価格が変動することで利益になることもあれば、損失になることもあります。

投資には価格変動リスクがある

上昇（リターン）と下落（リスク）はどちらの可能性もある

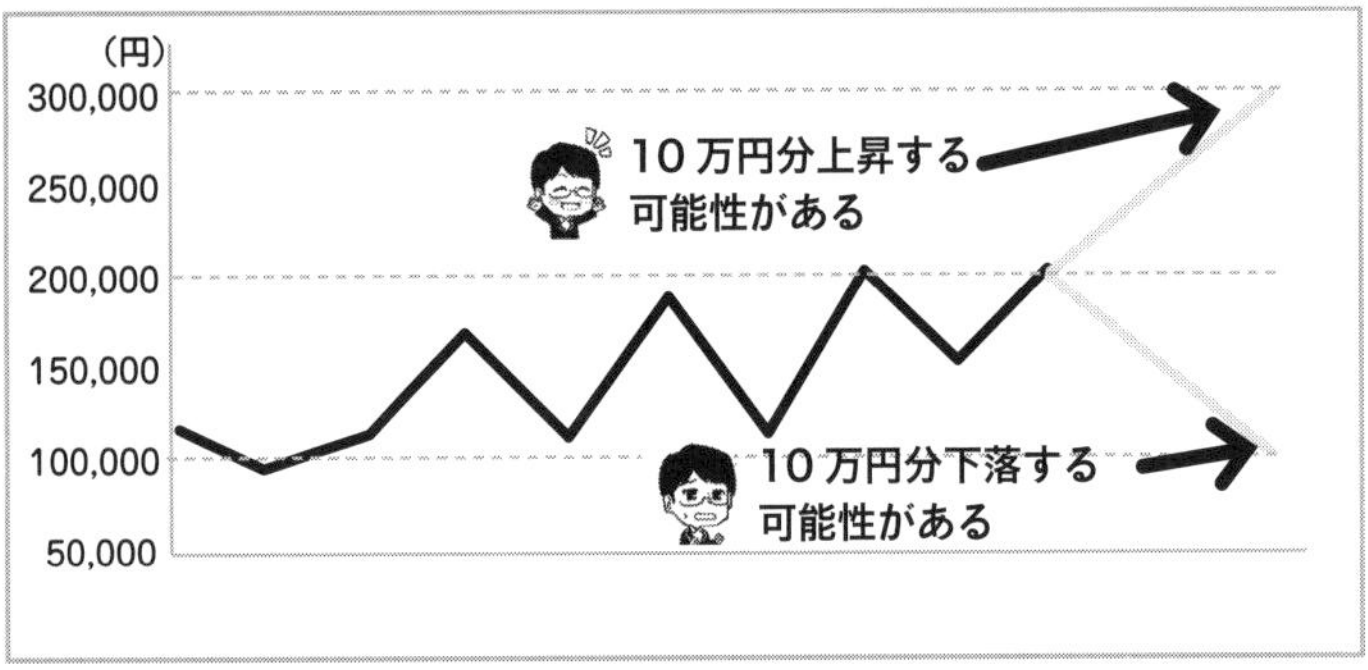

え？　それは当たり前のことですよね？

だからこそ、このことをリスクとして認識することが大事です。たとえば、上の図のように10万円上昇する可能性もあれば、10万円下落する可能性もあるということです。ただ、この金額の変動幅は金融商品によって異なっていますから、自分がどれだけリスクをとって、儲けたいかで投資先を選ぶことになります。これが、投資の世界でいうリスクとリターンの関係です。

なるほど。増やそうと思った同じ金額だけ損をする可能性があるんですね。

そうです。

あれ？　でも、結局増やしたい金額だけ損する可能性があるなら、どの投資商品でもリスクは変わらないんじゃないですか？

よくその勘違いも多いのですが、時間のことも考慮に入れてください。

時間ですか？

たとえば、株やＦＸは１日で価格が激しく動くことがあるので、短期間で大きな利益になることもある反面、大きな損失を出してしまう可能性があります。投信はさまざまな金融商品を投資対象としていることもあり、分散投資の効果が効いているので、短期間で一気に価格が動くことは少ないのです。

そういう意味で投信は安全って言われているんですね。

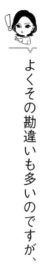

そうです。株やＦＸに比べると比較的安全に増やせるので、初心者にもオススメできます。

なるほど。僕みたいに仕事で投資に時間が取れない人にとっては、投信のように投資対象を分散している投資商品のほうがやりやすそうですね。

ただ、投資環境が大きく変わったときには、予想外に大きく下落することもあります。自分で許容できる範囲のマイナスは受け入れる必要はありますが、あまりにも下落したときは仕切り直し、いわゆる損切りを行うことで損失を確定させます。

そういう事態にならないようために、さらなる説明をお願いします！

投信の注意点ってありますか？

投信を始めるうえで、なにか注意することってありますか？

投信の売買にかかる手数料以外に、保有している期間にも手数料がかかることです。

そうなんですか？

直接支払うわけではないので、手数料を払っている感覚が薄い人もいますが、信託報酬と呼ばれる手数料があります。これは**投信を管理・運用してもらうための経費として、保有している間はずっと投資家が支払い続ける費用**のことです。年0・5%〜3・0%程度が一般的です。

結構少ない？

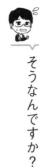

そう思うかもしれませんが、投信は長期運用が前提なので、期間が長くなるほど馬鹿にならない金額になります。

あ、そうだった。長期保有したらそうですね。

そうですよ〜。数字上では少なく見えても、勘違いしないようにしてください。

信託報酬って経費なんですよね？　ということは、信託報酬が高いほど、手間がかかっているってことだと思うんですが、そういうのは優秀な投信ということなんですか？

そうとも限りません。信託報酬が高くても成績が悪い投信もありますし、信託報酬が低くても優秀な投信はあります。

そうなんですか⁉　高い信託報酬を支払っているのに成績が悪いなんて、なんか許せないなあ。ぼったくりじゃないですか！

まあ、運用するのがプロといえども、絶対ではないですからね。そもそも完全に相場を読み切れるわけではありませんし。

じゃあ、投信を選ぶときは手数料を気にしなくていいのですか?

投資対象が似たような投信であれば、信託報酬が低い投信を選ぶというのはありですね。

投資のプロって信用していいの？

先生はさっきプロでも絶対はないって言ってましたけど、そもそも投資のプロって信用できるんですか？

少なくとも何も勉強していない人よりは優秀でしょう。ただ、プロが運用していても結局のところ自己責任になります。

そう聞くと、投信を購入するのも不安になってきますね。

投資をする以上はその不安と向き合うことが大事です。

不安と向き合うってそんなに簡単には無理ですよ！　先生、いい方法はないのですか？

不安って自分で解決するものだと思うのですが……

そこをなんとか！　投資の不安もですが、老後の不安も解消したいんです！

う〜ん。では、ひとつの安心材料として株価の動きを見てみましょう。

株価の動き？

投信は多くの場合、株を中心に運用しているので、株価の動きを確認しておくとよいかもしれません。

む？

たとえば、日本株の動きを見たい場合は日経平均株価という株価指数を見ます。

日経平均株価ってニュースで見たことがあります！

日経平均株価の動き

日経平均株価のチャート（1991年〜2020年）

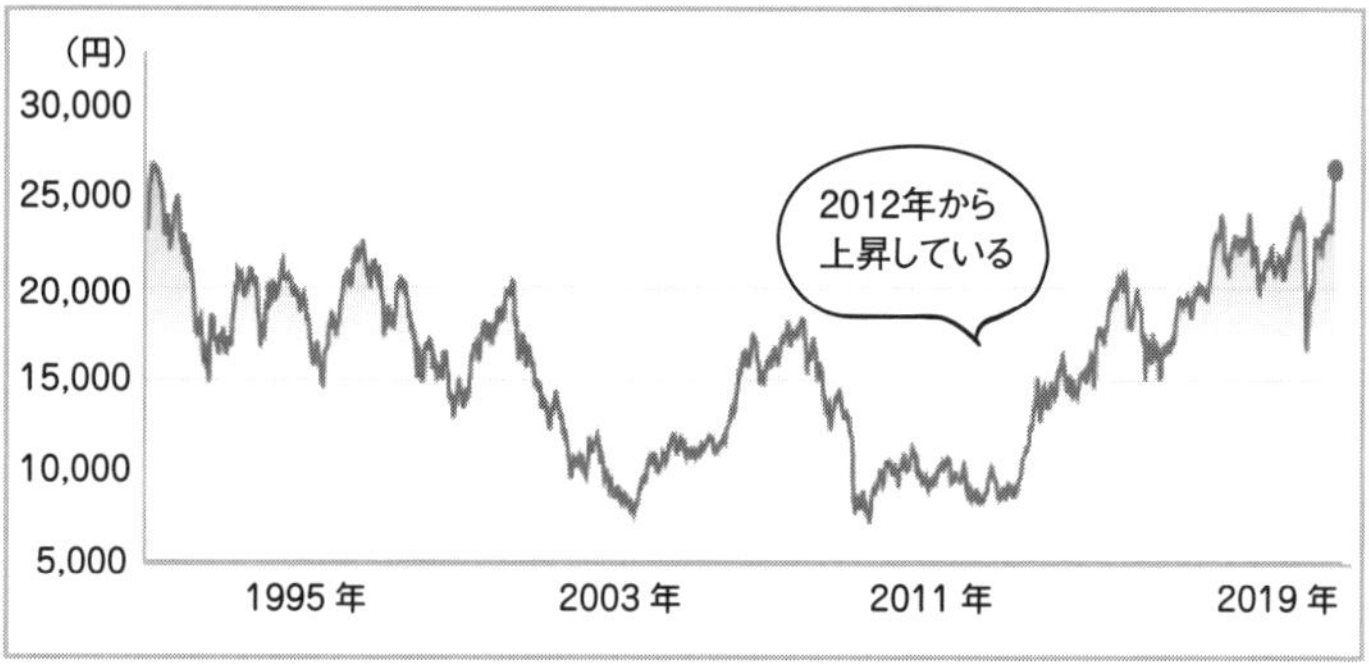

日経平均株価は日経平均や日経225とも呼ばれ、東京証券取引所の第一部に上場する株式銘柄のうち、取引が活発で流動性の高い225銘柄を日本経済新聞社が選定し算出している指標です。日本でもっとも認知度の高い株価指数ですね。

日経平均の何を見ればいいんですか？

長期の値動きを見てみましょう。2012年末ごろから上昇が続いていることがわかりますよね？

2011年頃までは下がり続けてますが、2012年ごろからは右肩上がりですね。

直近だと新型コロナウイルスの影響で一時的に大きく下落していますが、すぐに回復しています。

株式市場は新型コロナウイルスの影響もそこまで受けていないように見えますし、これからも上がりそうにみえます。

もちろん、下がる可能性もありますが、過去8年近く上昇が続いています。それでは、次にアメリカの株価指数を見てみましょう。

アメリカですか？

アメリカの株価指数であるS&P500の過去の値動きを見ると、**リーマンショックのような経済危機のときは下落しているものの、おおむね上昇をし続けています。**

本当だ。ずっと上昇してる！

S&P500の動き

S&P500のチャート（1980年〜2020年）

（ドル）
4,000
3,000
2,000
1000
0
1980年から
ずっと上がってる!
1986 年
1996 年
2006 年
2016 年

最近はアメリカに投資する個人投資家も増えてきています。アメリカの個別株に投資するのは難しいかもしれませんが、アメリカ株に投資できる投信もあります。

そうなんですか！　なんか投信でいける気がしてきました。

不安がっているから株価指数を見せましたが、安心しすぎてしまうのも危険だと思いますよ。

だって、これを見たらそう思っちゃうじゃないですか！　長期で右肩上がりですよ？

たしかに株価は順調ですが、投信にもいろいろ種類があります。投信の種類や選び方も勉強し

ないと！

うっ……ちょっと調子に乗ったかもしれません。先生もっと詳しく投信について教えてください！

わかりました。次から投信の基本について説明していきましょう。

投信って難しそうなイメージだったけど初心者向けなんですね!
それでも事前に知っておくべきことは多いんですよね

第2章

投信の仕組みを知らないで始めるつもりなの?

自分のお金がどのように運用されるのか、投信でのお金の増やし方、投信に関する口座など、投信全般の仕組みについて解説していきましょう。

あせらずに、仕組みについてしっかりと覚えていきましょう
仕組みを押さえれば失敗はないですね!

▼そもそも投信ってどんな仕組みなんですか？

先生。そもそもですが、投信はどんな仕組みなんですか？　プロが運用しているのはわかったのですが、僕たちが預けたお金をどんな会社が運用しているのか、預けたお金の流れがどうなっているのかが気になります……

投信は、**投資家に投信を販売する「販売会社」、投資家の資産を預かって管理するための「管理会社」、運用先や運用方針を指示する「運用会社」の3つの会社が関わっています。**

え！　そんなに関わっているんですか！　販売会社や運用会社の役割は何となくわかるのですが、管理会社ってなんですか？

管理会社は、投資家から集めた資金を管理し、実際に売買を行っています。

運用会社が売買するんじゃないんですか？

投信は3つの会社が関わっている

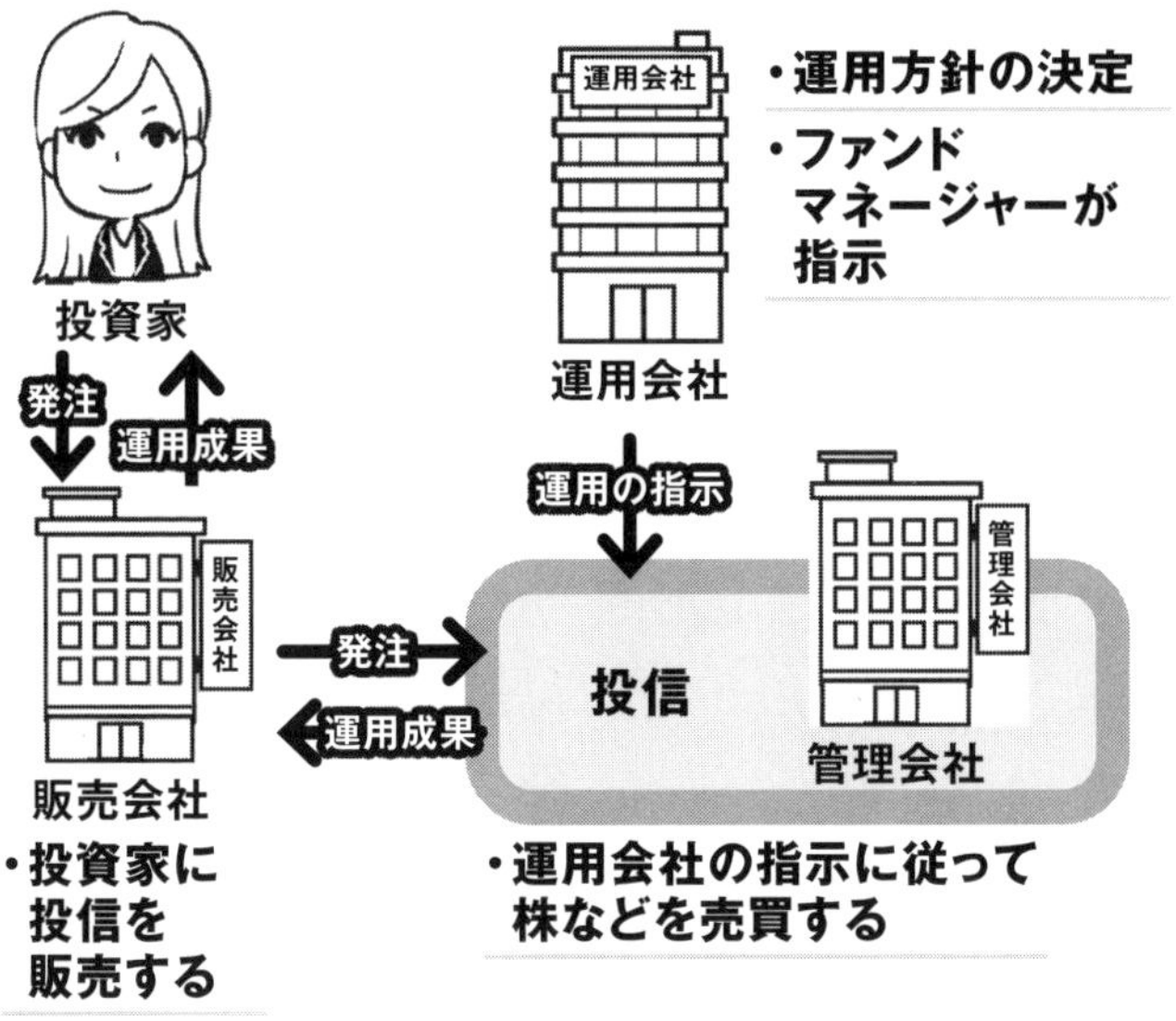

運用会社
・運用方針の決定
・ファンドマネージャーが指示
運用会社
投資家
発注
運用成果
運用の指示
販売会社
販売会社
発注
運用成果
投信
管理会社
管理会社
販売会社
・投資家に投信を販売する
・運用会社の指示に従って株などを売買する

運用の指示を出すのはファンドマネージャーがいる運用会社ですが、実際の売買は管理会社が行っています。

なんでそんなに分けてるんですか？

たとえば、スーパーに売っている食料品も、作っている人、管理して運ぶ人、売っている人という風に違っていますよね。それぞれが得意なことをやっていると考えれば理解しやすいのではないですか。

なるほど。そういわれると納得できますね。

また、投信では多くの投資家の資金を預かっているわけですから、**複数の会社が関わることで、いずれかの会社が経営破綻してしまったとしても、資産を守ることができるというメリットもあります。**

え⁉　投信に関わっている会社が経営破綻することってあるんですか？

そう頻繁にありませんが、民間の会社ですから、絶対に経営破綻しないということはありませんよ。

潰れないものだと思ってました……

そういう思い込みは危険です。そういった事態になったときに困らないように、我々投資家には影響がでない仕組みになっているのです。

なんで会社が潰れても影響がないんですか？

私たちの資金は管理会社が管理、運用しているので、販売会社や運用会社が経営破綻したとしても、それが原因で資金がなくなる心配はありません。

フムフム。あ、でも、実際僕たちが取引するのは販売会社ですよね？　その会社がなくなってしまったら、どこで取引して、お金を取り戻すとかすればいいんですか？

その場合は別の販売会社に移管されるので、移管先の販売会社で取引を行います。場合によっては経営破綻したときの時価で現金化されることもあります。運用会社が経営破綻した場合も同様で、運用していた投信はほかの運用会社に引き継がれるか、その時点で運用が強制的に終了して時価で現金化される場合があります。

販売会社と運用会社の2社が潰れても投資資金がなくなってしまうことはないんですね。じゃあ、管理会社が潰れてしまったらどうなるんですか？

管理会社に投資家の資金が集められて保管されているわけですが、管理会社の財産と顧客の財産は分けて管理することが法律で義務付けられています。「分別管理」といいますが、このおかげで管理会社が潰れてしまったとしても影響がないようになっているのです。管理会社が経営破綻しても、同様に別の会社へ移管されるか時価で支払われることになります。

経営破綻しても安全というわけですか！

ただ、時価で戻ってきた場合はまた投資先を探さなきゃならないんで、面倒ではありますけど……

投信はどうやってお金を増やすの？

横山先生、さらにそもそもの話なんですが、投信ってどうやってお金を増やすんですか？

本当に超基本的なところですね……

株とかって株価が上がったり下がったりして増やすのはわかるんですが、投信も似たようなものなんですか？

そうですね。基本的には同じです。株の価格は株価というように、投信の価格は基準価額といいます。

基準価額か……なんかかっこいい名前ですね！

この基準価額が上がったところで解約を行い「譲渡益」を得ることが投信の基本的な増や

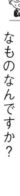

し方です。

本当に株と一緒ですね。じゃあ、基準価額が上がりそうな投信を買って、上がったらすぐ解約すれば増やせるってことですね！

投信の場合は、時間をかけてゆっくり基準価額が上がっていくので、ちょっと基準価額が上がったからといって解約してしまうのは非効率ですよ。

うっ……そんなに我慢できるかなぁ。

先ほども言ったように、投信は長期投資が前提なので、すぐに解約して譲渡益を得ようという考え方はあまりよくないです。

でも、実際基準価額が上がったら、うれしくなって解約しちゃいそうな気もするなぁ。

それならば、頻繁に基準価額を確認しないようにするのもひとつの手ですよ？

え？　投資って価格を常に確認するものじゃないんですか？

違いますよ。デイトレードのような投資をするならその必要はありますが、長期運用の場合は、そこまで基準価額を気にする必要はないですね。1か月に1回とか、3か月に1回とかの頻度で確認してもいいと思いますね。

そういうやり方もあるのか。

投信はどこで買うのがいいの？

ところで、八柳さんはどこで投信を買おうと思っているんですか？

え？　銀行の窓口のお姉さんに勧められたし、銀行で買おうかなって思っています。

そうですか。投信は銀行以外にも郵便局や証券会社、インターネットで展開されている証券会社、いわゆるネット証券などでも買えるんですが、それは知っていますか？

はい！　いろんなところで売られているのは知っています！

では、それぞれのメリットやデメリットがあることはご存知ですか？

え？　買う場所によって違いがあるんですか⁉

ありますよ。まず、**販売会社によって売られている商品が異なります。**日本で買える投信は約6000本ありますが、すべて取り扱っている販売会社はありません。

ええ!?　そうなんですか!

つまり、欲しい投信があっても八柳さんが買おうと思っている銀行では買えない可能性もあります。

なんということですか、そんなことがあるなんて……

あとは、店頭窓口とネットでの違いもあります。基本的にネット証券のほうが手数料が安くて、投信の種類が豊富ですね。

手数料が安いんですか!　あんまりコストかけたくないし、ネット証券のほうがいいのか?店頭のメリットってあるんですか?

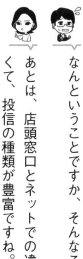

店頭窓口のメリットは商品の細かい説明を直接聞けることですね。ただ、銀行や郵便局の場合は資産運用の専門家が対応するとは限らないんですよね……。証券会社の店頭窓口ならプロが対応する場合がほとんどですが……

あまりよくわかってない人に説明される可能性もあるんですか……

ほかにも、店頭窓口の場合はその金融機関が売りたい商品を勧められる可能性もあります。

それってダメなことなんですか？

ダメではありませんが、その商品が優秀な商品とは限らないので、難しいところですね。また、手数料が高く設定されている可能性もあります。それに窓口で取り扱っている取り扱っている商品が少ないのもネックですね。

話を聞いていると、やっぱりネット証券で買うのが一番なんですかね？

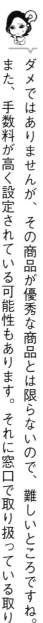

そうですね。ネット証券は自分で商品を選ぶ必要があることがデメリットですが、そこさえクリアすれば、メリットが大きいですね。

あとでネット証券を見てみます！

投信を買うために口座を開くには？

投信を買うために必要なことってありますか？

投信を買うには投信を取り扱っている金融機関に口座を作る必要があります。口座開設の方法は銀行や証券会社の窓口、インターネット経由など販売する金融機関によって異なります。

ネット証券はインターネット上で口座が開設できるんですか？

そうですね。あとは、ネット証券の場合は提携している銀行の普通預金口座の金利が優遇されたり、取引するとポイントがもらえたりさまざまな特典やキャンペーンが実施されていますね。

おお！　それは利用したいですね！

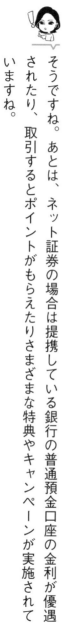

あと口座を開くときはその種類に気を付けてください。

口座に種類なんてあるんですか？

一般口座と特定口座、NISA口座、iDeCo口座がありますね。

4種類もあるんだ……

これらの口座は利益が出たときの手間が異なります。まず、一般口座についてですが、利益が出た場合に年間取引報告書という書類を自分で作成し、さらに確定申告もしなければなりません。

うわぁ、面倒そう……

やることが多いので、オススメしませんね。実際ほとんどの人が一般口座を利用していません。次に特定口座ですが、こちらは金融機関が年間報告書を作成してくれます。

特定口座なら確定申告もやってくれるんですか？

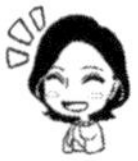

特定口座には「源泉徴収あり」と「源泉徴収なし」の2種類がありまして、「源泉徴収あり」を選択すれば納税処理を行ってくれるので確定申告をする必要がありません。

じゃあ、源泉徴収ありのほうが良いのかな？

実はそうともいえないんですよ。年収が２０００万円以下で、かつ給与以外の収入が年間20万円以下の場合は、利益に対して税金がかからないのですが、「源泉徴収あり」にしておくと条件を満たしていても自動的に納税されてしまいます。

ええ！　その税金って返ってこないんですか？

確定申告をすれば返ってきますね。

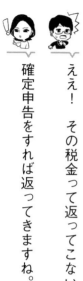

ぐぬぬ。面倒なことをしないと戻ってこないのか……

まあ、確定申告もネット化されていますし、慣れればどうってことないんですけどね。3つめのNISA口座ですが、これは**投信や株式投資で得た利益が非課税になります。**

非課税って、税金を払わなくていいんですか？

そうです。投信や株式等の配当・譲渡益等が非課税対象となります。

すごい！　便利そう！

ただ、NISA口座はひとつの金融機関でしか開設できず、金融機関を変更するためには、手続きが必要になります。また、変更前に金融機関のNISA口座で買い付けた商品は、変更後の金融機関のNISA口座に移管できず、変更前の金融機関の口座で管理されます。どの金融機関に口座を開くかはよく検討してください。

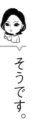

NISA口座は面倒な部分がありそうだけど、非課税なのは嬉しいなぁ。

ただ、年間で投資できる上限額が決まっていたり、「通常NISA」と「つみたてNISA」の2種類があります。NISAについては6章で詳しく説明しますね。

わかりました！

最後にiDeCo口座ですが、こちらも**利益が非課税になるうえに、掛金の全額が所得控除となります。**

おお！　すごい！

ただ、口座を開設するのはちょっと面倒です。手続きがインターネット上で完結しないうえ、会社員や公務員は職場で書類に押印してもらう必要があります。さらに、ようやく書類を整え金融機関へ送付しても、国民年金基金連合会から審査結果が届くまでに1～2か月かかるんですよ。

うわぁ、面倒そう……

また、全金融機関でひとり１口座しか開設できませんし、金融機関を変更するときは、手数料が発生するケースが多いです。

やっぱり、金融機関選びは大事そう……

そうですね。さらにｉＤｅＣｏについて言うと、加入時に手数料がかかり、国民年金基金連合会や信託銀行、金融機関に毎月手数料を支払う必要があります。

毎月支払うんですか⁉

金融機関によっては金融機関に支払う手数料を無料にしているところもありますが、国民年金基金連合会や信託銀行に支払う月１７１円は必ず発生します。

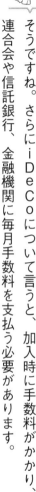

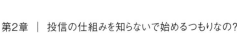

毎月１７１円ってことは年間だいたい２０００円くらいかぁ。

ｉＤｅＣｏについてはそれ以外にも注意する点があるので、これも６章で詳しく説明しますね。

え？　まだ注意点があるんですか……。　わかりました。　そのときにまたお聞きします。

▼投信選びは目論見書を見るクセをつけましょう

八柳さん、投信選びをするなら、まずは目論見書を見るクセをつけましょう。

目論見書ってなんですか？

目論見書というのは、投信の設計図のようなものです。どのような方針で投資するのか、投信が抱えるリスク、運用実績、手数料などが書かれています。

なんだか難しそうですけど、それってどこで見られるんですか？

投信を取り扱っている金融機関のサイトで無料で見られますよ。投信の商品ページから見られるようになってる場合がほとんどです。

あ、本当だ。……うーん。なんだか難しそうだ。

まあ、これから見るべきポイントを説明していきますから、とりあえず目論見書があるということを覚えておいてください。

これだけ見ればいいんですか？

他にも、投信の成果を報告する月間レポート（マンスリーレポート）や金融機関のサイトで公開されている分析情報などにも目を通したいですね。

なんか、頭がクラクラしそう……

大丈夫ですか？　投信を選ぶうえでこれらは必ずチェックしなきゃなりませんよ？

うぅ、頑張ります……

いろいろ書かれていますが、すべてを把握する必要はありません。６章で必要なポイント

を説明していきますから、心を折らずにいてください。

頑張りますから、やさしく教えてください……

制度など投資家にとって有利なものなので覚えましょう
口座の種類でこんなに違いがあるなんて……

第3章

インデックス、アクティブ、追加型…。投信の種類を教えてください！

自分のお金がどのように運用されるのか、投信でのお金の増やし方、投信に関する口座など、投信全般の仕組みについて解説していきましょう。

投信の種類が多すぎてどう違うのかわかりませんよ!
ここを知れば違いのわかる人になれますよ!

「インデックス型」は手数料が安くわかりやすい

ところで投信ってどのようなものがあるのでしょう？　インデックスやら、株式やら債券やらいろいろあって、もうフガー!?　ですよ。

そうですねぇ。確かに投信にはいろいろ種類があるので、体系的に覚えておくとよいかもしれません。

おっしゃるとおりなんですが、どうにもまとまりがつかめず……。その辺りを教えてくれませんか？　内容がよくわからなくて。

わかりました。**投信の種類でまず覚えるべきは、「インデックス型」と「アクティブ型」です。**大きくはこの2種類に分けられるというところから解説しましょうか。

メモメモ……

この2種類は、株やら債券やらの商品を運用して、パフォーマンス、つまり実績をどうやって出すかという運用方針でわけられています。

うんうん。結果は大事ですよね！

まずはインデックス型の投信からみていきましょう。**指標に合わせて運用を行う投信がインデックス型の投信です。**インデックスファンドやパッシブ型と呼ばれることもあります。

指標って、さきほど説明してもらった日経平均とかＳ＆Ｐ５００とかですか？

ほかにもいろいろな指標はありますが、これらの指標に連動して動くように設計されているのがインデックス型です。

さっき上がり続けている指標を見せてもらいましたが、同じように上昇する投信があるってことですか？

そのとおり！　日経平均などはニュースでも報道されているので、初心者でも動きがわかりやすいですよね。そのため、インデックス型は初心者向けとも言われています。

でも、同じ指標に連動する投信がいくつもありますけど、何か違いはあるんですか？

同じ指標を対象にしている場合は、成績は大きく変わりませんよ。

えー、なんで同じような投信がこんなにあるんだろ……。じゃあ、選ぶときに悩む必要はないんですかね？

差が出るのは手数料くらいですから、手数料が低い投信を選ぶといいですね。

どれも動きが変わらないのなら、手数料が低いところのほうがいいですもんね。

その手数料ですが、インデックス型は手数料が低いのも特徴のひとつですね。

え、そうなんですか?

先ほど説明したようにインデックス型は指標に連動するように設計されていますので、そもそもファンドマネージャーが運用方針を決めるという考えはありません。それに、銘柄の入れ替え頻度も高くないので、その分コストがかからないので、手数料が安くなるんです。

手数料が安いのは嬉しいですね!

その辺も含めて初心者向きですね。

どんな指標があるんですか?

日本の株価指数であれば、日経225が有名ですね。

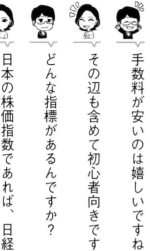

他にも日本の株価指数ってあるんですか？

ＴＯＰＩＸがあります。日経２２５は日経新聞社が選定した２２５銘柄で構成されているのに対し、ＴＯＰＩＸは東証１部の全上場企業を対象としています。

全上場企業に投資するだけなら僕にでもできそうだなあ。

投資するだけの資金があればですけどね。ちなみに採用銘柄の一社であるソニーさんの株だけでも２０２０年末時点で約１００万円必要ですよ♪

ぐぐ、お金がないって寂しい……

インデックス型の場合は、このように間接的に多くの銘柄に投資できるのがメリットですからね。

ちなみに、さっき話したＳ＆Ｐ５００みたいなアメリカの株価指数にも投資できるんです

か？

もちろんです！　アメリカの株価指数ですと、S&P500のほかにも、ダウ工業株30種平均が有名です。一般的にはダウ平均と呼ばれています。また、ニューヨーク・ダウやニューヨーク平均と呼ばれることもありますね。アメリカの株式市場はさきほどS&P500のチャートを見せたように、長期で見ると上昇傾向にあるので、長期投資が前提の投信にとってはいいかもしれないですね。

S&P500とダウ平均の違いってなんですか？

大きな違いは組み入れ銘柄の数です。S&P500は500銘柄なのに対して、ダウ平均は30銘柄です。

ダウ平均はたった30なんですか！

銘柄数が少ないので、組み入れ銘柄の株価が暴落した場合は指数自体も大きな下落をして

しまうなど、ひとつ一つの銘柄の動きが指数の価格に大きな影響を与える可能性があります。そもそも株式市場全体の動きを反映しているとは言い難いかもしれません。

それなら、銘柄数が多いＳ＆Ｐ５００のほうが安全そうですね。

そうはいっても、ダウ平均も長期にわたって上昇し続けているんですけどね。

結局、長期で上昇するなら、ダウ平均とかＳ＆Ｐ５００みたいなアメリカの株価指数に連動した投信を買いたくなってきますね。

とはいえ、この先もずっと上昇し続けるとは言い切れないのが投資です。上昇する可能性は高いものの、その判断は自己責任ということは覚えておいてください。

ほかにもインデックス型が連動する指数ってあるのですか？

ありますよ。詳しくは４章で説明しますが、株以外にも債権や不動産などの指数がありま

インデックス型が連動する主な指数

国内株
日経平均株価(日経225)
東証株価指数(TOPIX)
JPX日経インデックス400

海外株
ダウ平均
S&P500
MSCI-KOKUSAI指数

REIT(不動産)
東証REIT指数
S&PグローバルREIT指数
S&P新興国REIT指数

国内債券
NOMURA-BPI総合
DBI総合

海外債券
バークレイズ・キャピタル 米国総合指数
シティグループ　世界国債インデックス
JPモルガン　EMBI グローバル
FTSE世界国債インデックス
ブルームバーグ・バークレイズ 米国ハイイールド社債 高流動性インデックス

海外の有望な企業にも間接的に投資できるんですね～
海外株を個別で買うのは難しいので、便利ですよ

す。表に代表的な指標をまとめたので、参考にしてください。

結構いろいろあるんだなぁ。

「アクティブ型」ってどうなの？

インデックス型についてはわかりました。もうひとつのアクティブ型とはどういう投信なのですか？

インデックス型はどちらかというと守備寄りの運用方針ですが、**アクティブ型はその名のとおり攻めて運用する投信です。**

どういうことですか？

インデックス型の投信は指数に連動するように設計されています。一方、アクティブ型の投信はファンドマネージャーの運用方針に沿うように投資銘柄を選び、運用が行われます。

アクティブ型の投信は、ファンドマネージャーの腕によってファンドの成績が変わるということですね。

ただし、**アクティブ型の投信は、手数料が高めの傾向があるのに、必ずしも好成績とは限らないのが現状です。**

ファンドマネージャーって運用のプロなんですよね？

ファンドマネジャーも人間ですから、人によって差が出るのは仕方ないですね。

そうなんですか……でも、インデックス型よりも優秀なアクティブ型の投信もあるんですよね？

あるにはありますが、アクティブ型の投信にもいろいろな種類がありますから、これから投資を始める人が儲かる投信を選ぶのは難しいと思います。

僕みたいな初心者だと難しいんですか……

そうですね。どうしてもアクティブ型を買いたいなら、「モーニングスター」というサイトを見るといいでしょう。投信の過去10年間の成績を確認することができます。そこで成績の良い投信を探すこともできますよ。

そこまでして選ぶ必要はないかなあ。

それに、アクティブ型は基本的に短期運用に向いているんですよね。八柳さんのように老後のために長期で運用する場合は、あまりオススメできません。

う〜ん。それを聞くとアクティブ型は避けたほうがいいのかな。

大まかですが、アクティブ型の種類についてまとめましたので、まずは参考にしたください。

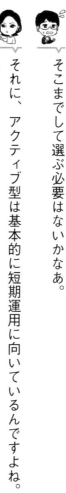

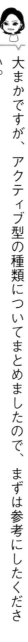

主なアクティブ型の種類

バリュー株（割安株）投資

本来的な企業価値を考慮した水準に比べて安いと考えられる株式に投資する。知名度の低い企業が多い傾向がある。

グロース株（成長株）投資

企業の売り上げや利益の成長率が高く、今後も引き続き成長が見込める企業の株式に投資する。

ブル型／ベア型

ブル型は相場が上昇局面でリターンが期待できる投資、ベア型は下落局面でリターンが期待できる投信。

新興国株投資

経済成長が高い国の株式に投資する。大きなリターンが期待できる一方、リスクも高い傾向がある。

投資先によって、名前が違うんですね
相場の状況や将来性に投資するなど方針が異なります

▼ファミリーファンドは無駄なく運用

横山先生、目論見書を見てたらマザーファンドとかベビーファンドという言葉が出てきたんですが、これは何ですか？

それは「ファミリーファンド方式」と呼ばれる投信の運用形態のひとつですね。**ベビーファンドとマザーファンドという2種類のファンドを使って運用する方法で、ベビーファンドの資金をまとめてマザーファンドに投資して、マザーファンドが実質的な運用を行う仕組みです。**

う〜ん？　なんでそんな複雑なことをしているんですか？　最初からマザーファンドがお金を集めればいいだけの話じゃ？

運用上の利点が大きいからですね。同じ名前だけど、ちょっと違う種類の投信があるのはわかりますか？

ファミリーファンドの仕組み

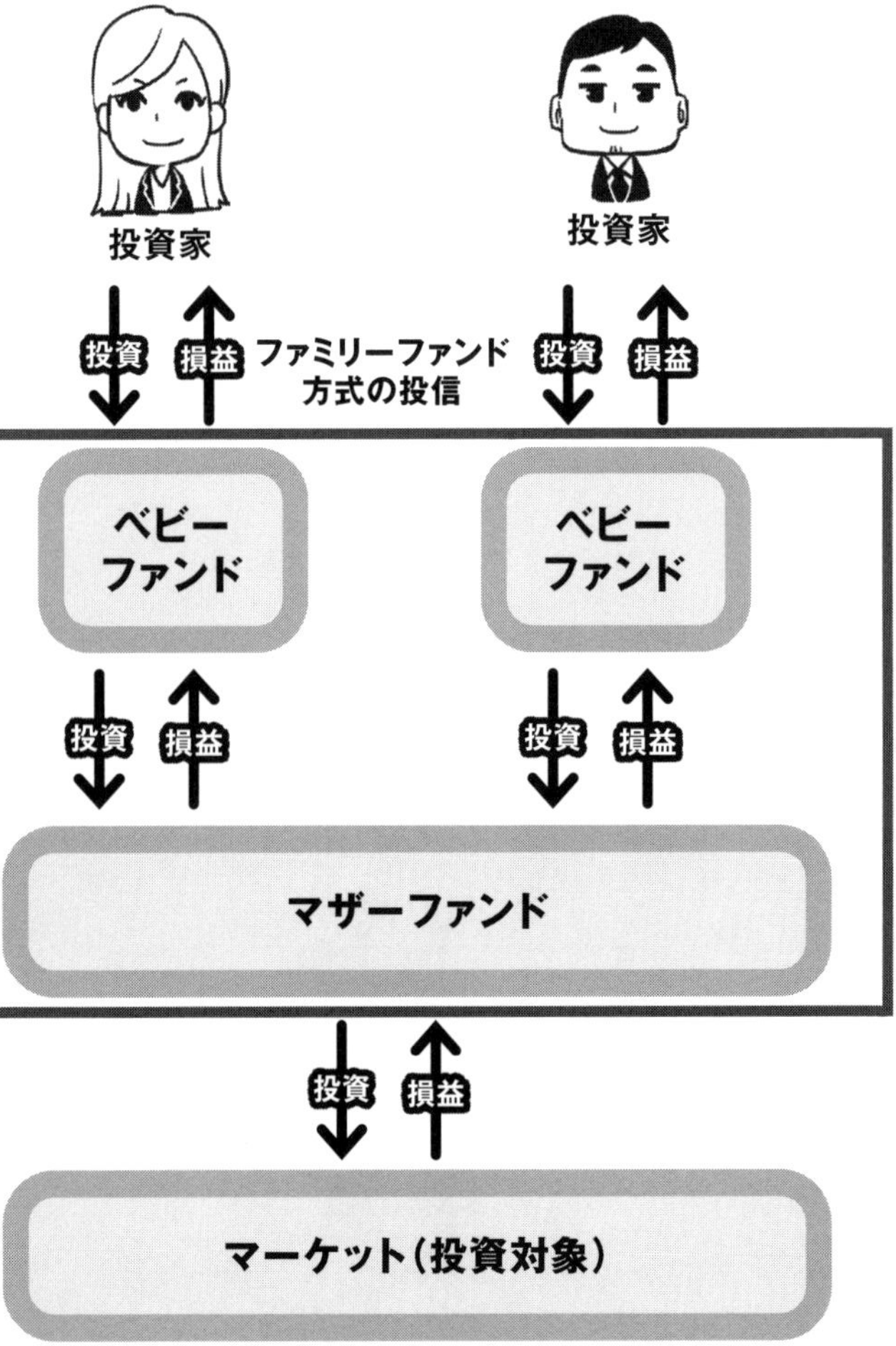
投資家
投資家
投資
損益
ファミリーファンド
方式の投信
投資
損益
ベビー
ファンド
ベビー
ファンド
投資
損益
投資
損益
マザーファンド
投資
損益
マーケット（投資対象）

POINT!!

複数のベビーファンドがマザーファンドで運用する

複数のベビーファンドが集めた資金をマザーファンドが運用することで、コストを削減して、効率よく運用ができる。

Aコースとか Bコースがある投信のことですか？

そうです。そういった投信は運用対象や運用方針が同じなんですよね。これらの投信が集めたお金をひとつにまとめることで、無駄なく大きく運用できるということです。ちなみに、マザーファンドが得た収益は、それぞれのベビーファンドに割り当てられます。

僕たち投資家側にメリットってあるんですか？

比較的手数料が安い傾向がありますね。

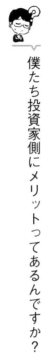

おお！　大きなメリットですね！

コストを抑えた投資をしたいなら、ファミリーファンド方式の投信はオススメですね。ベビーファンドにあたる投信に投資するときは大本となるマザーファンドを確認しましょう。同じマザーファンドを大本にする複数のベビーファンドに投資をしても分散投資の効果は期待できないので注意してください。

そういえば、マザーファンドに投資することはできるのですか？

投資家が投資できるのはベビーファンドだけですね。マザーファンドが何に投資するかはベビーファンドの目論見書に書かれています。

それを見れば、投資するかの判断ができますね。

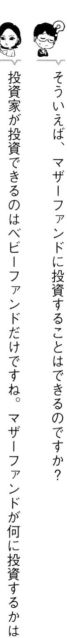

▼ファンド・オブ・ファンズは手数料が高い

ファミリーファンドについて説明したので、似たような運用形態のファンド・オブ・ファンズについても説明しましょう。

なんか、また難しそう！

ファンド・オブ・ファンズは投信に投資する投信です。

ファミリーファンドと同じじゃないんですか？

似ているようですが、違いますよ。ファミリーファンドはベビーファンドがマザーファンドというひとつの投信に投資しますが、ファンド・オブ・ファンズは複数の投信に投資します。

それはどんな意味があるんですか？

投信は複数の商品に分散投資することで投資のリスクを抑えていますが、その投信をさらに複数組み合わせて投資しますから、ますます分散投資の効果が期待できますね。

なるほど！　それにプロが運用する投信にプロが投資するわけだから運用結果も期待できそう！

でも、いいことばかりじゃないのよね。投信の運用期間中に信託報酬がかかるというのは説明しましたよね？　実はファンド・オブ・ファンズの場合は、実質的に信託報酬が2重にかかってくることになるんです。だから、コストがほかの投信に比べると割高なんですよ。

ええ！　そうなんですか⁉　コストが高いのはちょっと避けたいなぁ。

分散投資という意味だと、自分で複数の投信を買ってもいいわけですからね。

あれ？　それならファミリーファンドも信託報酬が二重にかかるってことですか？

いいえ。ファミリーファンドは、ベビーファンドとマザーファンドが同一企業の中にあるので、信託報酬の二重取りが発生しません。ファンド・オブ・ファンズの場合は、別会社の投信を購入するため、信託報酬の二重取りが発生してしまうわけです。

ファミリーファンドとファンド・オブ・ファンズは運用方法が似ているのに、全然違いますね……

初心者だと勘違いしがちかもしれませんね。

投信を選ぶときには注意しなきゃ。

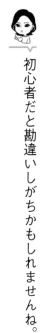

ファンド・オブ・ファンズの仕組み

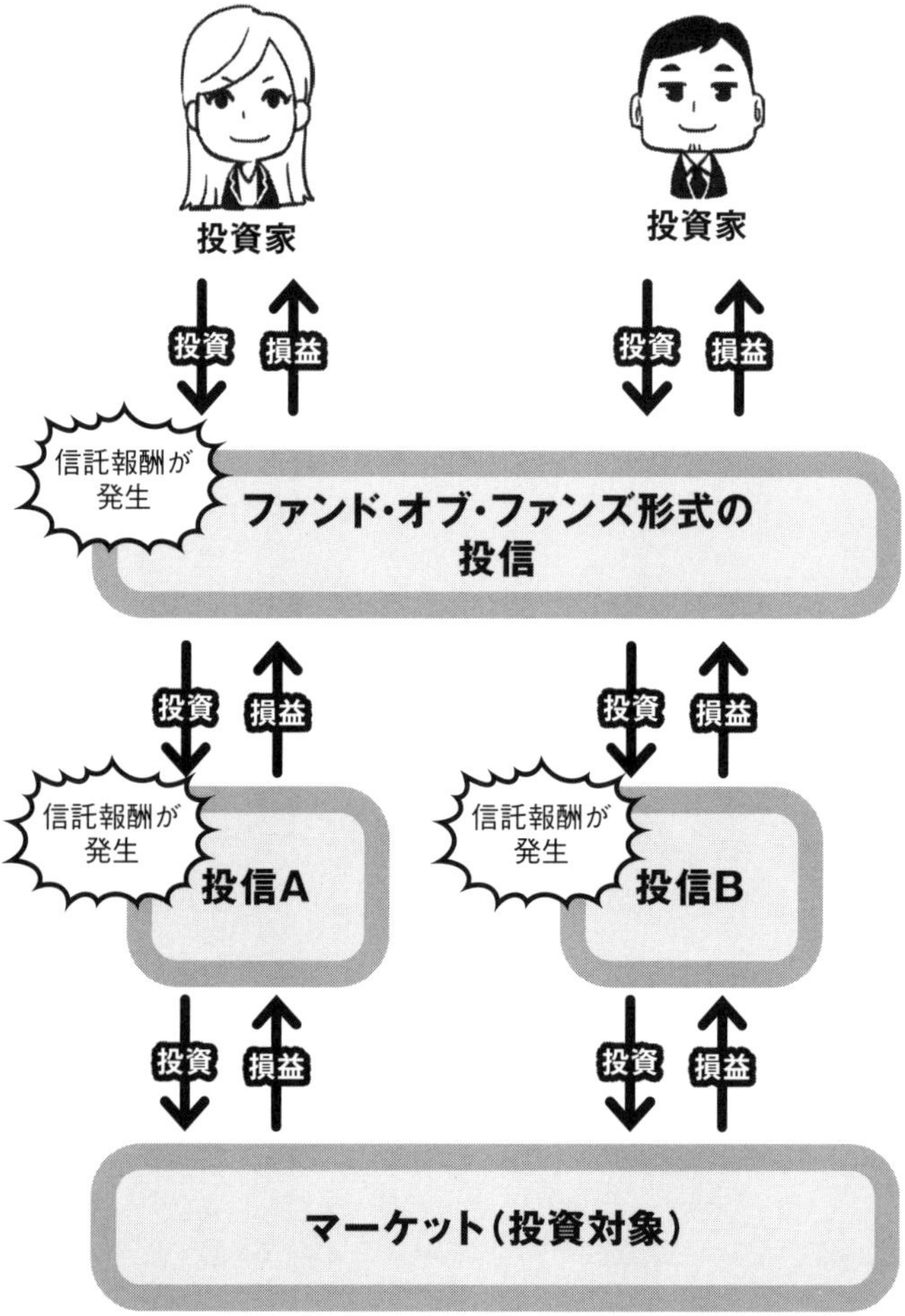
投資家
投資家
投資
損益
投資
損益
信託報酬が発生
ファンド・オブ・ファンズ形式の投信
投資
損益
投資
損益
信託報酬が発生
投信A
信託報酬が発生
投信B
投資
損益
投資
損益
マーケット（投資対象）

POINT!!

投信がほかの投信に投資して運用する

複数の投信に投資をするので、分散投資ができる。一方で、信託報酬が二重でかかってしまうため、コストが高い。

いつでも売買できる追加型

そうそう、投信を選ぶときは追加型であるかも確認してください。

追加型……？

投信には追加型と単位型の2種類があります。それぞれ追加型をオープン型、単位型をユニット型とも呼ばれています。このふたつの違いは購入できる期間が異なります。

購入できる期間とかあるんですか？

単位型の場合はあらかじめ決められた期間でしか購入できません。また、単位型のなかでもクローズ型と呼ばれる投信は運用期間中に解約できない期間が設定されています。

解約もできない!?

そうです。追加型はいつでも買ったり解約できますね。

解約できないのは怖いなぁ。

あとは、信託期間も異なります。信託期間というのは運用スタートから終了までの期間のことですが、単位型は2～5年程度のものが多いです。追加型は5年～無期限のものがあります。

信託期間って長いほうがいいんですか？

八柳さんは長期運用が前提なので、10年以上の長期のものがいいですね。

じゃあ、無期限でもいいですね。

そうですね。ただ、無期限の場合でも運用成績が悪いと「繰り上げ償還」という償還期限

の前倒しが行われることもあります。

え！　そんなこともあるんですか。

成績が悪いのに運用を続けるメリットがないですからね。逆に成績が良いと信託期間が定められている場合でも「繰り上げ償還」され信託期間が延長されるケースもあります。

なるほど〜。

現在販売されている投信のほとんどは追加型ですが、一応、投信を選ぶときには追加型か確認してください。

どうやって確認すればいいんですか？

追加型の場合は、ほとんど投信名に「オープン」とついているので、それを見て判断してください。

▼おせっかいな「ターゲットイヤー型」

避けたほうがいい投信ではターゲットイヤー型というものがあります。

うぅ、英語は苦手だ。

これはあらかじめ目標とする年齢を設定したうえで、その年齢に向けて資産の配分比率を自動調整していく商品です。一般的には老後のために、年齢が若いうちは株式比率が高く、高年齢になるにつれてリスクを抑えるために債券比率を高めていきます。

え？　話を聞くとめちゃくちゃ便利そうですね。

ところがですね。ターゲットイヤー型って手数料が高いんですよ。

また、手数料問題が……

大体0・3%〜1・3%に設定されていて、0・1%前後のインデックス型に比べると割高なんですよ。

3倍から10倍手数料がかかるのは大きすぎますね。

あとは、相場に合わせた運用ができないのもネックですね。たとえば、高齢に近づいたときに、たまたま相場が上昇相場なっても、債券が中心なので資産が伸ばせません。逆に若いときに相場が下落相場だと損失が増えてしまいます。

若いときに株価が暴落して、高齢になって株価が上昇したら最悪ですね……

複利効果を活かしきれないのもデメリットですね。

どういうことですか？

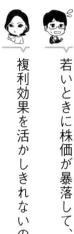

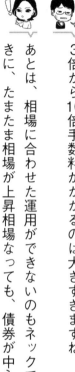

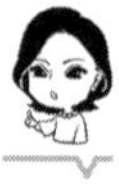

複利効果は長期になればなるほど元本が膨らんで、利益が大きくなるのですが、ターゲットイヤー型だと元本が大きくなったところで、利回りの低い債券中心になっていくので複利効果で大きく増やすことができにくいんですよ。

たしかに……。せっかくの複利効果が機能しない……

あとは……

まだあるんですか⁉

今って平均寿命が延びていますよね？　八柳さんが実際に老後生活を送るときに今現在の常識で考えた設計のターゲットイヤー型が通用するか？　という疑問がありますね。

……話を聞けば聞くほど、ターゲットイヤー型っておせっかいというか、余計なことをしそうな投信ですね。

これを言うと元も子もないのですが、株と債券の割合調整って自分でもコントロールできますしね。

本当に元も子もない話ですね。

でも、高額なコストを払うくらいなら自分で調整したくありませんか？

おっしゃるとおりです。

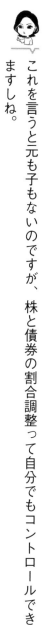

投信って
いろんな種類が
あるんですね～
初心者なら
インデックス型から
始めるのが
オススメですね

第4章

株式？　債券？
それとも不動産？
投資先はどこがオススメ？

投信が投資する商品は株式や債券、不動産などさまざまな種類があります。投資先によってリスクとリターンが異なります。長期運用をするならどの投資先がいいのかを考えていきましょう。

株や債券以外にいろいろな種類の投信がありますよ
投資先がいろいろありすぎて迷いそう!

投信って株以外にも投資できるんですか？

投信って株だけが投資対象なんですか？

いいえ、**株以外にも債券や不動産などがあります。**一般的に株に投資する投信は株式投信、債券に投資する投信は債券型投信と呼ばれますね。また、これらに投資できるバランス型投信もありますよ。あとは、少し上級者向けですが、不動産に投資するＲＥＩＴと呼ばれる投信もあります。

債券とか不動産投資って話は聞くんですけど、どういうものかってよくわからないんですよね。

債券というのは国や地方公共団体、企業などが一般の投資家から借り入れを行う目的で発行されます。債券に投資すると金利を受け取ることができます。

投信の主な投資先

投資対象	国内	海外
株式	**国内株式型** 主に日本の株式に投資	**海外株式型** 主に海外の株式に投資
債券	**国内債券型** 主に日本の債券に投資	**海外債券型** 主に海外の債券に投資
不動産	**REIT** 主に日本の不動産に投資	**REIT** 主に海外の不動産に投資
コモディティ	主にコモディティに投資	
その他	金融先物など上記以外に投資	

株や債券だけじゃないんですね
代表的なのは株式や債券、不動産です

銀行にお金を預けてるようなイメージなのかな？

債券は、あらかじめ決められた満期までその債券を保有していると額面金額が返済されます。額面金額とは債券の券面に記載されている金額のことです。そして、保有している間はあらかじめ決められた金利として利息がもらえます。お金を預けるのではなく、お金を貸してあげる側ですね。

貸した金額と利息がもらえるということですね。

満期にお金を受け取る権利を売買することもできるので、たとえば債券を10万円分買ったあとで、満期の前にお金が必要になったときはその債券を誰かに売り渡すこともできます。

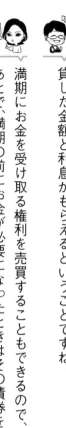

債券自体の価値は何を基準に変動するのですか？

金利によって変動しますね。たとえば、毎年3％の金利がもらえる債券を販売する場合、世の中の金利が5％に上昇したら、債券価格を下げないとだれも買いませんよね？　逆に

債券の仕組み

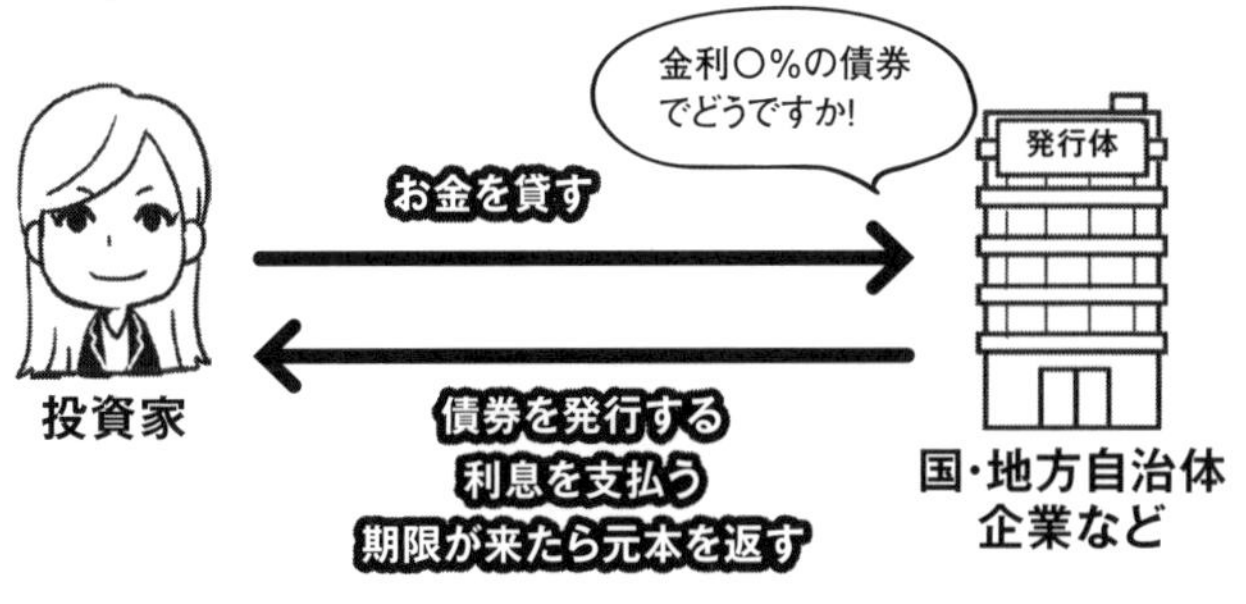
金利〇%の債券
でどうですか!
発行体
お金を貸す
投資家
債券を発行する
利息を支払う
期限が来たら元本を返す
国・地方自治体
企業など

世の中の金利が1%に下がったら、債券価格を上げても欲しい人がいるので債券の価値は上がります。このとき基準となるのは日本銀行などの中央銀行が決める政策金利などですね。

債券の金利はあらかじめ決められて販売されているから、その後に経済環境が変わって金利水準が変わることで債券の価値が変わるということですね?

他には信用リスクによっても変動しますね。債券を発行している発行元が破綻する可能性が出てくると支払ったお金が戻ってこない可能性が高くなります。つまり、信用がなくなるので債券の価値が低くなったりします。

結局のところ、債券は利率と価格のどちらを見ればいいんですか?

基本的には、大きく価格変動することは少ないので、金利を見ればいいですね。そういう意味で、債券はリスクが低いといわれています。

なるほど。安全に投資するなら債券というわけですか。ちょっと気になったんですが、企業が発行する債券って株を買うのとどう違うんですか？

大まかにいえば、株は企業の業績に左右され、債券は左右されないところですね。たとえば、ある上場企業A社の株式と債券を購入した場合、A社の業績が上がり、株価が上昇したところで株式を売却すれば利益が得られます。債券はA社の業績がどんなによくなっても、決まった金利しかもらえません。

そうなると、株式のほうがよくないですか？

逆にA社の業績が下がった場合を考えてみましょう。業績が下がった場合は、株価が下がり、株式の利益は出ません。しかし、債券は業績に関係ないので、金利が受け取れます。

なるほど……債券が安全って言われる意味がわかってきました。

ちなみに、株式の売買で得られる利益はキャピタルゲイン、債券で得られる金利はインカムゲインと呼びます。

お、なんかかっこよさそうな言葉だ！

価格変動にともなって得られる収益はキャピタルゲイン、資産を保有することで安定的・継続的に受け取ることのできる現金収入のことをインカムゲインと言います。投資をしているとよく出てくる言葉なので覚えておいたほうがいいですね。

わかりました。債券についてもわかってきたので、次は不動産について教えてください。

不動産では、不動産を保有している間は賃貸収入があったり、売買を行う時に売却益を得る仕組みです。

なるほど。売買だけじゃなくて賃貸収入ももらえるんですね。

実際に現物の不動産に投資することは敷居が高いと感じる人も多く、多額のお金も必要ですが、ＲＥＩＴでは間接的に不動産に投資できるのがいいですね。

フムフム。不動産でも少ないお金でその分野に関わることができるんですね～。

そうですよ～。株もそうですが、債券や不動産に限らず投信はいろいろな分野に参入できるのです。

投資先によって特徴があるんですね。

これからそれぞれについてさらに詳しく説明していきますね。

テーマ型の投信ってなに？

株式投信はさっき教えてもらったインデックス型とアクティブ型しかないんですか？

基本的にはその2種ですが、アクティブ型のなかには、テーマ型や国際分散投資型などさまざまな種類があります。

そうなんですか。詳しく知りたいです。

はい。ではまず、テーマ型ですが、**電気自動車やAI（人工知能）といった個別のテーマに沿った企業の株式で運用される投信です。**

電気自動車やAI（人工知能）か〜。夢が感じられますね。それにこれからトレンドになっていくようなテーマを見つけられれば稼げそうですね！

そうですね。ただ、そういったテーマは常に何が注目されているのかを調べ、投資家の動きを観察する必要があるのでいきなり見つけるのは難しいです。

ニュースとかで報道されているのを参考にするのはダメなんですか？

それもいいのですが、トレンドは一過性のものが多いので、長期が前提の投信においては難しい部分でもあります。

今注目されてても、将来的にどうなるかはわからないと……。最近話題のテーマってないんですか？

最近は「ＥＳＧ」あたりが注目されていますね。

ＥＳＧ……？

ＥＳＧは、売上高や利益などの財務面の分析だけでなく、環境（Ｅｎｖｉｒｏｎｍｅｎｔ）、

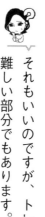

社会（Ｓｏｃｉａｌ）、社会統治（Ｇｏｖｅｒｎａｎｃｅ）の３分野に対する取り組みを踏まえて企業に投資することです。ＥＳＧがテーマの投信は増加中で、２０２０年の資金流入ランキングでが1位をとることが増えています。

そんなに人気があるんですか！

ＥＳＧ自体は世界のさまざまな投資機関が投資していることが人気の理由のひとつですね。日本は少し出遅れていましたが、２０１７年に日本の年金を運用する世界最大級の投資機関であるＧＰＩＦがＥＳＧ投資を開始しました。２０１４年時点の国内の投資全体におけるＥＳＧ投資の比率は０・２％でしたが、２０１８年には18・３％にまで増えています。それにＥＳＧは企業が将来にわたって、持続的に成長できるかどうかが評価ポイントなので、長期運用の投信にも適していますね。

へ～。今後も期待できるんですか。

このような長期的かつ世界中で注目されるようなテーマであれば、一過性で終わらない可

能性もありますね。

テーマの内容によって変わってくるんですね。いろいろと見極めが大変そうですが、面白そうです。

国際型を買うときは為替ヘッジはどうする？

ところで、ＥＳＧの投信の名前を見ていると、「グローバルＥＳＧ成長株ファンド（為替ヘッジなし）」というような名前が多いように思うのですが、この「為替ヘッジ」って何ですか？

重要なポイントですから、国際型の説明と合わせて解説しましょう。**国際型の投信は、中国やアメリカなど海外企業の株式を中心に運用を行います。**

さっき話したダウ平均とかＳ＆Ｐ５００といった海外の指標に連動しているインデックス投信は国際型の投信ってわけですね！

そうです。国際型の投信は投資先の国によって、先進国と新興国に分かれます。一般的に、先進国株式の場合はミドルリスク・ミドルリターン、新興国株式の場合はハイリスク・ハイリターンになります。

投資先の国によってリターンやリスクが変わるんですか？

先進国は、経済が大きく発展し、政治情勢が安定している国のことです。たとえば、アメリカやイギリスなどですね。先進国の株は流動性が高く、値動きも比較的安定していますから、リスクも低い傾向にあります。逆に、新興国は経済が発展途上な場合が多く、とりわけ政治情勢が不安定なため、借りたお金が返せないデフォルトのリスクがあります。

話を聞いていると、新興国に投資する意味がないような気がするんですが……

ですよね～。でも、リスクが高いということはリターンも高いということです。新興国株に投資する投信は、日本株や先進国株に投資する投信に比べて値動きが大きいので、年率10％以上の利回りを期待できる投信も時にはありますよ。

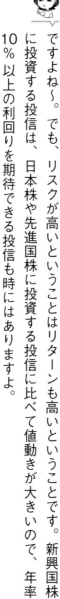

ぬぬ！　そんなに！（鼻息）

ただ、大きく値下がりする可能性も高いので、初心者が購入するにはハードルが高いかもしれませんね。

やっぱり、僕には無理かな……

長期保有するなら、先進国株や米国株の方が無難でしょうね。このように、国際型の投信では海外の株を外国通貨で売買を行います。たとえば米ドルやユーロが外国通貨になりますが、外国通貨も株と同じように常に動いていますから、**投信によっては為替ヘッジが関わってくることになります。**

やっとでてきた！

海外の株に投資するときには、円を売ってその国の通貨を購入しなければなりません。そして、外国株を売ったときは、必要に応じて外貨を売って円を購入します。外貨の価値は常に変動しているので、円と外貨を交換する時に外貨の価値が変わっていると、外貨を売却して円を購入したときに損失が発生します。たとえば、ドル円相場が1ドル100円のときに米国株を購入したのに、売却する時に1ドル90円と円高になってしまった場合には、

為替ヘッジとリスクの関係

	円高になった場合	円安になった場合
為替ヘッジなし	海外資産を円に戻すときに資産が目減りする	海外資産を円に戻すときに資産が増える
為替ヘッジあり	影響を少なくする	影響を少なくする

POINT!!

為替ヘッジありは為替の影響を抑えるが高コスト

為替ヘッジありは為替の影響を抑えるため為替リスクは低いが、信託報酬が高くなるため、コスト面は為替ヘッジなしに劣る。

どっちも
一長一短
なんですね
為替ヘッジなしならコストを抑えることができます

円高に動いた10円分だけ資産が目減りしてしまいます。逆に、1ドル110円の円安になっていれば、10円分だけ資産が増えることになります。

購入時と売却時にレートが変わると、受け取れる金額が変動するってことですね？

為替が変動することで発生するリスクのことを為替リスクと呼びます。投信そのものの価値が上がっても、ドルに対して円が高くなってしまった＝円高になった場合は損失になってしまう可能性があり、為替リスクによる損失の発生を軽減するために、あらかじめ為替レートを事前に決めておくことが為替ヘッジになります。簡単に言ってしまえば、為替ヘッジを行うということは、為替による損失が発生するリスクを取り除く方法なのです。

為替ヘッジでは円安になったときに増えた分のお金はもらえないんですか？

もらえませんね。

為替ヘッジを行うことで、結果的に損になってしまうこともあるわけですね。

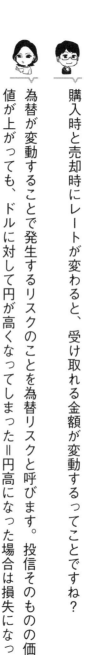

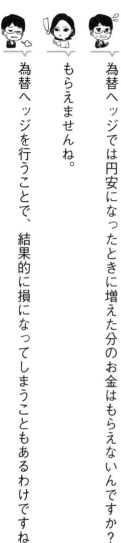

為替リスクを低減できるのが為替ヘッジの魅力ですが、一方でヘッジコストがかかってしまいます。日本の金利と投資先の金利の差が広いほどヘッジコストが高くなります。

デメリットも結構あるんですね。実際のところ為替ヘッジありとなしはどちらがいいんですか？

どの国に投資するかによります。たとえば、アメリカに投資する場合は、アメリカの中央銀行でもあるＦＲＢ（連邦準備理事会）が２０２３年末までゼロ金利政策を維持する方針を表明しているので、ヘッジコストは低水準になっています。今後日本と米国の景気動向に応じてドル円も変動しますから、日本とアメリカの金利差を確認しつつ、為替ヘッジをつけるかつけないかを検討するといいのではないでしょうか。

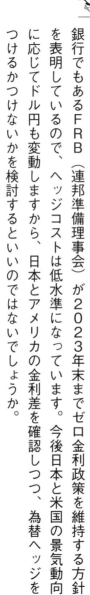

アメリカ以外はどうですか？

日本との金利差を見て判断したいところですね。新興国の場合は日本との金利差が大きいので金利動向には注意が必要ですし、そもそも為替も大きく動くので、どちらを選ぶかはそのときの投資環境によるでしょうね。

ヘッジコストを見たほうがいいんですね？

そうです。**ヘッジコストが高いと、いくら投信が値上がりしても、それなりに資金が目減りしてしまいます。**

長期運用だと、コストが痛いですからねぇ。

あとは、金利は為替相場そのものにも影響を与えます。今のアメリカと日本のようにお互いがゼロ金利政策をとってるときはいいですが、そうでないときは金利が高い方に為替は動きやすいので、そういう意味も含めて金利の関係を見たほうがいいと思います。

ちなみに、ヘッジコストってどこで確認できるんですか？

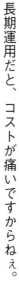

ヘッジコストは月間レポートで確認

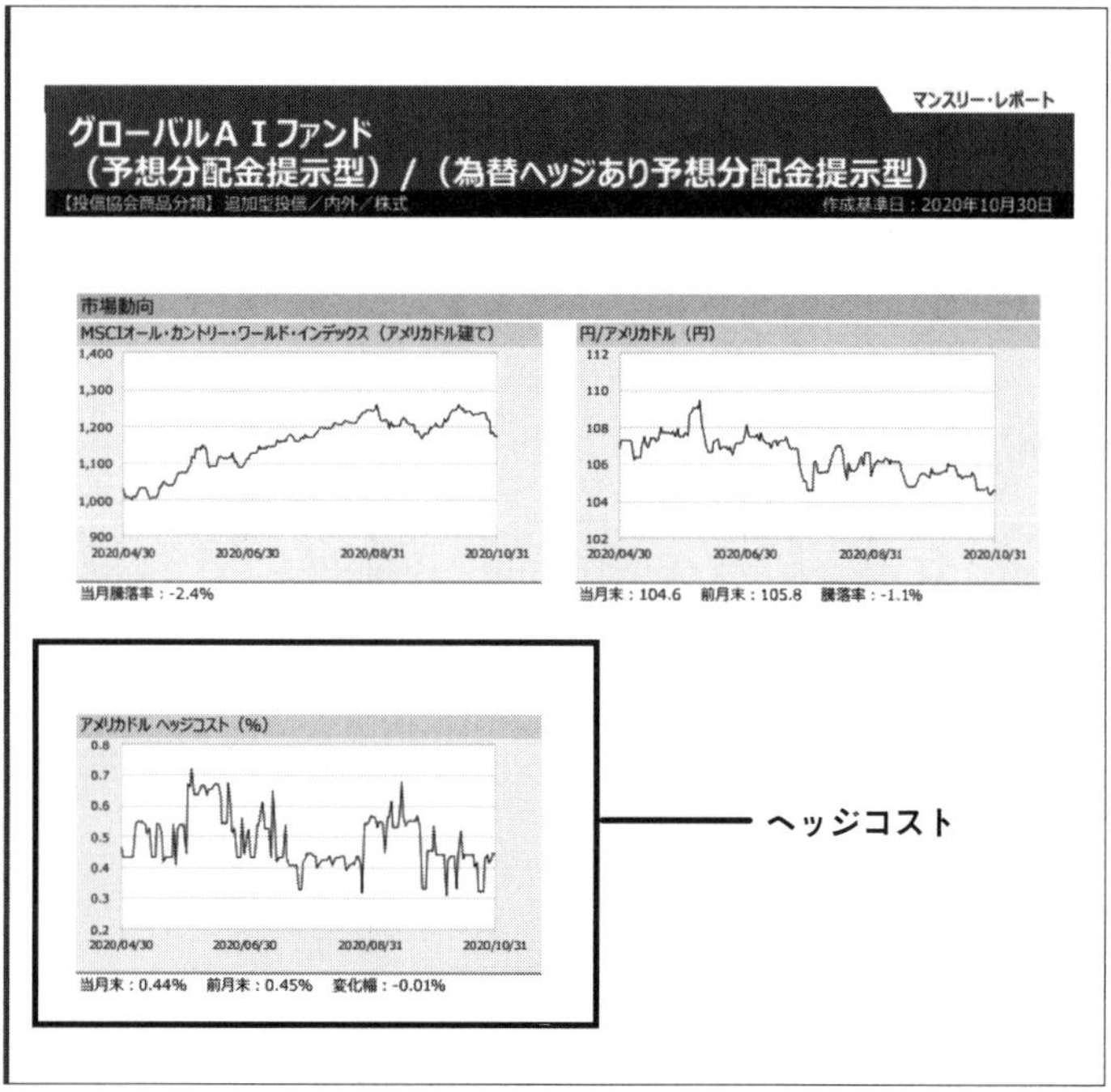

月間レポート内で折れ線グラフなどでヘッジコストが表示されている

投信によって異なりますが、月間レポートなどで確認できますよ。

債券型投信は安全なんですか？

債券って安全ってよく聞くんですが、実際のところはどうなんですか？

安全かどうかについては、まずは債券型の投信を通して、説明していきましょう。

わかりました。

債券型とは、社債や国債といった複数の債券へ投資する投信です。

フムフム。

債券型の投信には「公社債投信」があります。これは株式を一切組み入れず債券のみで構成される投信のことです。ファンドの規約に株式も組み入れる趣旨が記載されていると、公社債投信として区分されません。債券のみで構成された投信を選びたい場合は、あらか

じめ目論見書などで公社債投信かどうかを確認しておきましょう。

確認しておかないと、知らないうちに株も運用している場合もあるんですね。

とはいえ、債券型と名乗っているなら、株の運用をしたとしてもほんの一部なので、知らないうちに株だけの運用になっていたなんてことにはなりませんので、一応知っておいた方がいい知識ですね。

たしかに。そんなことが起こったら暴動ものですね。

そんな債券型ですが、国内債券型や海外債券型などさまざまな種類があります。代表的な国内債券型と海外債券型について説明しますね。

株式型と同じように日本に投資するか、海外に投資するかの違いですか？

そうです。そして、ここで債券型が安全かどうかという問題の答えがあります。

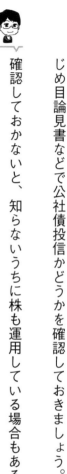

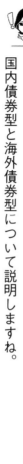

どういうことですか？

そもそも債券型の投信が安全かどうかですが、**株式よりも債券の価格の変動が小さいため、株式型に比べると安全といわれています。**つまり、リターンが少ない分、リスクも少ないということです。

値動きが幅が狭い分、大きく値上がりしたり値下がりする可能性が低いというわけですね？

そうです。ただ、低リスクだからといっても債券型が必ずしも安全とは言い切れない側面もあります。

え！　そうなんですか？

株式型と同様に債券型のなかにも国内に投資する投信と海外に投資する投信があります。

たとえば、新興国の国債を対象にした投信は、株式型並みに価格が変動する場合もあり、債券だからといって一概に安全とは言えませんね。

株式型と同じようにデフォルトリスクがあるんですか？

デフォルトは新興国債券に限った話ではありません。場合によっては、米国債券でもリスクが高いものがあります。

米国は先進国だし安全じゃないんですか？

債券型のなかには、ハイイールド債に投資する投信があります。ハイイールド債は利回りが高く、信用格付が低い債券のことで、ジャンク債などともいわれます。

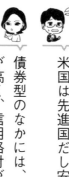

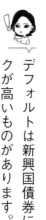

ジャンク……？

金融商品などを評価する格付け会社があります。代表的な格付け会社にスタンダード&プアーズがありますが、格付けが高いほうからＡＡＡ（トリプルエー）、次がＡＡ（ダブルエー）、Ａ（シングルエー）、ＢＢＢ（トリプルビー）、Ｃ（シングルシー）と低くなっていきます。格付けが高いほうが利回りは低く、格付けが低いと利回りは高くなります。ジャンク債は格付け会社でＢＢ以下の評価をされている債券で、信用度が低いためデフォルトリスクが高いと言えます。デフォルトリスクの高い投信は長期投資には向いていませんね。

その格付け会社って信用できるんですか？

実際、格付けが下がると売られやすくなります。信用できるかは置いといて、影響力は強いですね。

なんだか、卵が先か鶏が先かみたいな感じですね。

そうですね。投資全般に言えることですが、実質的な部分だけでなく、人の心理でも動くのが難しいところなんですよね。

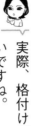

いずれにしても、債券だからと言って安全っていうわけではないんですね。

そうですね。国内債券型は安全性は高いですが、リターンは低くなります。

安全だからという基準で買うと、それに見合った利益しか得られないんですね。

購入する前に過去のパフォーマンスを見ておくといいですね。

パフォーマンスですか？

パフォーマンスとは、過去の成績のことですが、詳しくは5章で解説しますね。

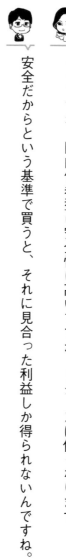

安全の確認と、成績の確認……。いろいろ大変そうだ。

最初はちょっと大変ですが、少しでも結果をよくするためには、確認すべきポイントをひ

格付け会社の評価基準

スタンダード&プアーズ

世界最大手の格付け機関。アメリカに本部を置き、世界26カ国にオフィスを置く。

ムーディーズ

スタンド&プアーズに並ぶ格付け機関。

スタンダード&プアーズ	評価	ムーディーズ
AAA	債務履行の確実性がもっとも高い	Aaa
AA+	債務履行の確実性が非常に高い	Aa1
AA		Aa2
AA-		Aa3
A+	債務履行の確実性が高い	A1
A		A2
A-		A3
BBB+	将来債務履行の確実性が低下する可能性がある	Baa1
BBB		Baa2
BBB-		Baa3
BB+	債務履行に当面問題はないが、将来まで確実であるとはいえない	Ba1
BB		Ba2
BB-		Ba3
B+	債務履行の確実性に乏しい	B1
B		B2
B-		B3
CCC+	現在においても不安な要素があり、債務不履行に陥る可能性がある	Caa1
CCC		Caa2
CCC-		Caa3

ジャンク債（BB+／Ba1 〜 CCC-／Caa3）

とつづつ押さえていくことが大事です。投資で失敗しないために頑張りましょう！

はーい

債券型は不景気に強いの？

そういえば不景気に債券を買うといいと聞きますけど、実際どうなんですか？

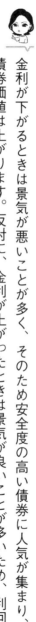

金利が下がるときは景気が悪いことが多く、そのため安全度の高い債券に人気が集まり、債券価値は上がります。反対に、金利が上がったときは景気が良いことが多いため、利回りのよい金融商品に人気が集まり、債券の価値は下がります。不景気だとリスクを取りたくない人が増えるので、債券が買われやすいといわれていますね。

ということは不景気はやっぱり買い時ってことですか？

たとえば株式型の場合、株式市場などの下落で大きく価格が値下がりする場合があります。一方で、債券型は、景気が悪化してリスクを取りたくない人が増えると買われやすく、価格が上昇する場合もあるでしょうが、商品の特性上、株式型のように大きく変動する可能性は少ないといえます。そのため、景気が悪化したときほど安定した利回りが狙えるということで人気なのです。

なるほど。

逆に、好景気のときは、債券型投信の人気は低下しますが、基準価額が大きく下落する可能性は小さいといえます。

債券は景気の影響は受けにくいってことですね。

長期保有を前提に投資を行うのであれば、景気がいつ低迷するかはわかりません。たとえば、株式型の投信を購入した時の価格の下落リスクを低減する分散投資先として、債券型投信を購入しておくとよいでしょう。

長期運用が前提なら、景気が悪化したときにも安定した利回りが期待できる債券型投信を買っておくという選択肢もあるんですね。

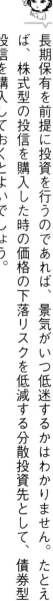

長期投資の場合はどうなんだろうって考えることが大事ですね。

実際のところ長期運用目線だとどのタイミングが良いんですか？

先ほど言ったように基準価額が大きく動くことはないので、相場を気にする必要はないですね。詳しくは6章で解説しますが、基本的に長期による積立投資ならタイミングを考える必要もありません。

▼バランス型は資産を組み合わせてくれます

うーん。株式型と債券型のどっちに投資したらいいのか迷うなあ。

無理にどちらかにしなくてもいいんですよ？　両方に投資すれば分散投資の効果も狙えますし。

でも、海外と国内それぞれの株式型と債券型に投資するだけでも、４つの中から投信を決めなくちゃならないんですよね？　ちょっとめんどくさいなあ。

まあ、投信はその４つだけではないですしね。でも、そんな八柳さんにはバランス型に投資するのもひとつの手かもしれないです。

バランス型？　初めて聞きましたけど、どんな投信なんですか？

バランス型は国内株式型、国内債券型、外国株式型、外国債券型などそれぞれにあらかじめ決められた比率で投資する投信です。

つまり、ひとつ買うだけでいろんな株式や債券を運用できるのですか？

そうです！　昔は信託報酬が高かったのですが、最近は信託報酬の低い投資信託も出てきたので人気になっていますね。

人気……。そこのところ詳しく（キリリッ）

バランス型投信の特徴として、同じ商品の中に「安定運用、中間運用、積極運用」といったリスクの度合いで、株式投資比率の異なる3本をラインアップしている場合があります。株式投資比率が高いほどリスクが高くリターンが高いと考えてください。

積極運用と安定運用を両方買えばリスク分散できそうですね！

え？　中間運用があるのに何言っているの？　両極の2本も買う必要はないじゃないですか？

はっ！　確かに……！

バランス型は1本で完結しているのが特徴なので、ひとつに絞って運用するだけでも高い分散投資の効果が期待できるのが最大のメリットですね。

長期投資が前提でもバランス型は良いんですか？

そうですね。むしろ株式型や債券型を自分で組み合わせるよりも手間がかかりませんね。

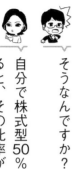

そうなんですか？

自分で株式型50％債券型50％で運用したいと思っていても、途中で株式型が大きく上昇すると、その比率が変わってしまうので株式型の売却や債券型の購入で比率を調整する必要があります。その点、バランス型の投資信託は、運用で投資比率が変わった場合にファンドマネージャーが調節を行ってくれますから、自分で売却や購入を行う必要がありません。

なるほど！　買ったら買いっぱなしにしても、その辺の調整はしてくれるんですね。

ラクさという意味では、八柳さんにオススメかもしれませんね。

ラクそうではありますけど、リターンはどうなんですか？

そこはリスクとの相談になります。たとえば、ニッセイーDCニッセイワールドセレクトファンドの場合、２０２０年11月26日時点で、債券重視型（安定運用）だと設定来トータルリターンは82・６０％、標準型（中間型）は１１５・００％、株式重視型（積極運用型）は１４６・７３％となっています。ある程度、リスクをとっていいなら積極運用を選び、リスクを抑えたいなら安定運用を選びましょう。

投資資金と目標金額との相談ですね。

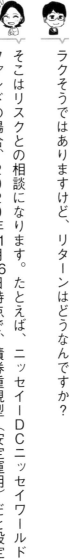

あとは、バランス型を選ぶときの注意点として、固定型と変動型があることは知っておいてください。固定型は投資先の配分比率が固定されていますが、変動型は相場の状況によって意図的に比率を調整します。

どういうことですか？

たとえば、変動型は株式相場の上昇時には株式の比率を引き上げ、株式相場が下落したら債権比率を引き上げるといったものです。固定型は、どんな相場状況でも最初に決められた比率で固定されます。

う〜ん、結局のところどちらがいいんですか？

変動型はアクティブ型のようにファンドマネージャーの手腕によるところが大きいので、あまりオススメしませんね。長期で安定して稼ぎたいなら固定型ですね。

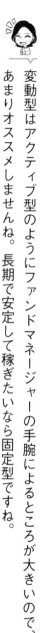

リスクを抑えるためにバランス型を選びたいところでもあるので、あえてリスクを取る必要はないですね。

ちなみに、固定型の主流は4資産均等型と8資産均等型があります。

8資産均等型のほうが分散数が多いし、リスクが低そうですね。

と思いますが、実は4資産均等型のほうがリスクは低いです。

え！　そうなんですか？

4資産均等型はリスクがもっとも低い国内債券の比率が高いですからね。8資産均等型のほうは新興国債券や新興国株も組み入れられているので、リスクが高いんですよ。

分散数が多ければリスクが低くなるというわけではないんですね。

4資産均等型と8資産均等型

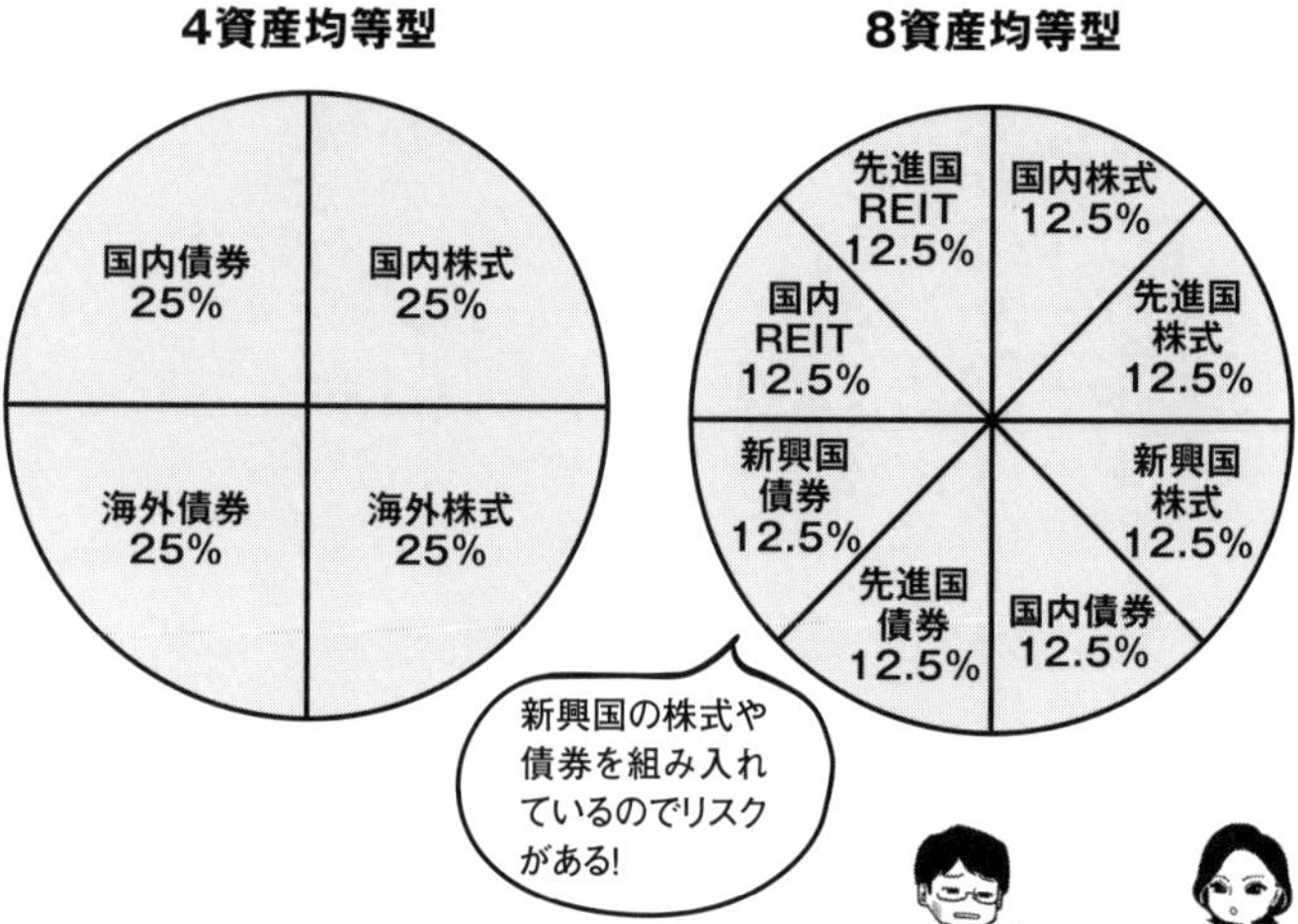
4資産均等型
国内債券
25%
国内株式
25%
海外債券
25%
海外株式
25%
8資産均等型
国内株式
12.5%
先進国
株式
12.5%
新興国
株式
12.5%
国内債券
12.5%
先進国
債券
12.5%
新興国
債券
12.5%
国内
REIT
12.5%
先進国
REIT
12.5%
新興国の株式や債券を組み入れているのでリスクがある!

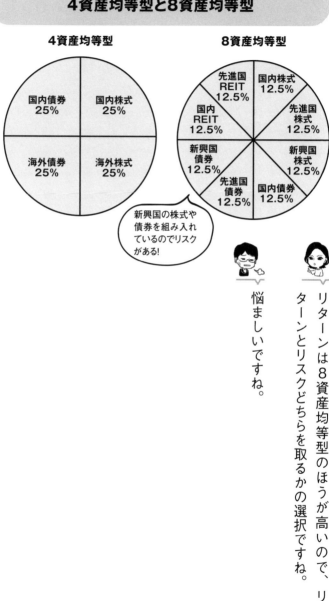

リターンは8資産均等型のほうが高いので、リターンとリスクどちらを取るかの選択ですね。

悩ましいですね。

REITやETFは初心者向きではない

REITやETFというのを雑誌の「今年の買い」特集で見たんですが、実際のところどうですか？

まず、REITの説明から初めていきましょう。これは先ほど説明したように不動産に投資する投信です。不動産投信を英語でReal Estate Investment Trustというのですが、それぞれの頭文字をとってREITと呼んでいます。

不動産投信のほうがわかりやすいのになあ。

何も知らない方からしたらそうですね。それで、REITには単一型と複合型、総合型があります。これはファンドが設定する投資対象が異なります。単一型の場合はオフィスビル特化や住居特化などがあり、複合型はオフィスビルと住居といったような２種類の用途の不動産に投資、総合型は3種類以上の用途の不動産に投資します。

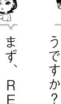

REITの種類

リスクが高い ←→ リスクが低い

単一型
住宅特化やオフィスビル特化などひとつの用途に特化して投資をする。

複合型
2種類の用途の不動産に対して投資する。

総合型
3種類以上の用途の不動産に対して投資する。

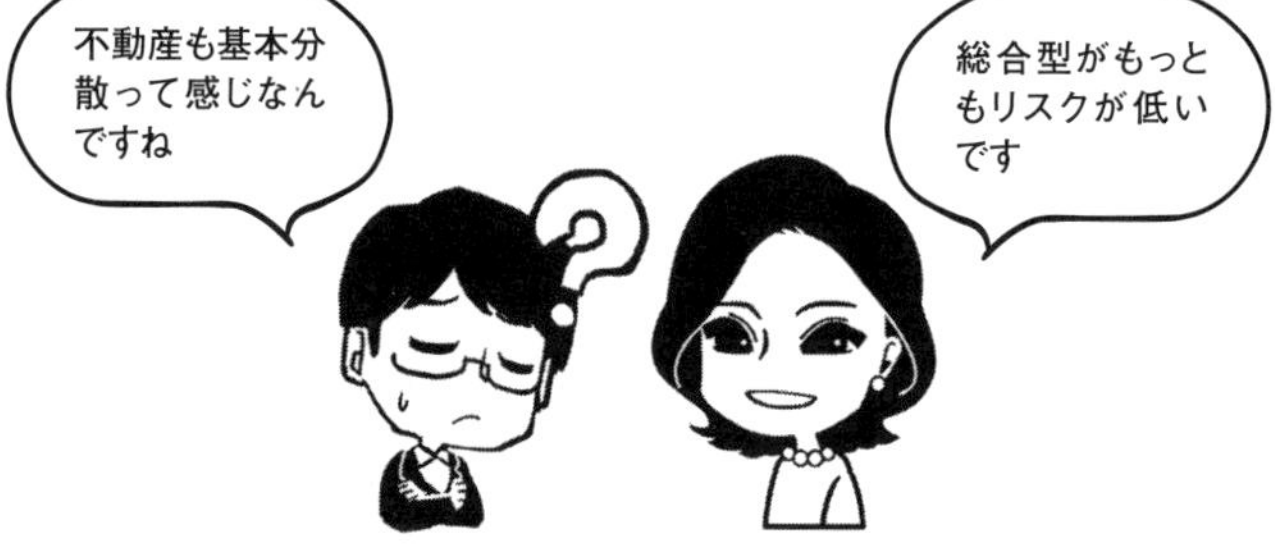

不動産も基本分散って感じなんですね
総合型がもっともリスクが低いです

総合型のほうがリスクが低そうですね。

そうです。基本的に単一型、複合型、総合型の順にリスク・リターンともに低くなります。

そのあたりは株と一緒なんですね。

それで、REITが難しいという理由についてですが、それぞれの

値動きが素人には把握しにくいところがあります。

そうなんですか？

株の場合は株価指数、債券は金利の変動で、ある程度全体的な動きはつかめます。ただ、不動産の価格は普通に生活しているとわかりにくいですよね。そのため、REITをどう考えたらいいのか難しいと思う人も多いかもしれません。

REITは賃貸収入も入ると聞いていたのですが、となると景気が悪くなると、オフィスや店舗の撤退でREITの成績も悪くなるイメージがありますね。実際、コロナのために行きつけの店も閉店してしまいました……。

一概にそうとも限りません。たとえば、コロナの影響を考えてみると、リモートワークの定着などでオフィス需要は悪化、商業施設やホテルなども大幅に悪化しています。その一方、ネット通販などが増えた影響で物流施設は追い風となっています。世の中で何が起こっているのかを把握することが大切なんですね。

ＲＥＩＴによって違いがでると……。世の中で何が起こってるのかをきちんと把握しないとどれが上昇するかわからないんですね。

そうです。ＲＥＩＴは内容が見えずらいので、よくよく理解しないまま初心者があえてＲＥＩＴに投資するのは避けたほうがいいですね。

Ｊ－ＲＥＩＴっていうのもよく聞きますが、そちらはどうなんですか？

Ｊ－ＲＥＩＴのＪはジャパンの略です。ＲＥＩＴは基本的に証券取引所に上場している投資信託で、株式と同じように売買します。ちなみに、Ｊ－ＲＥＩＴに投資する「Ｊ－ＲＥＩＴファンド」という投信もあります。

不動産には投資しないんですか？

Ｊ－ＲＥＩＴに投資して収益を目指す投資信託になります。また、ＪがＪＡＰＡＮとあり

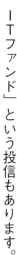

ますが、アメリカ（US）のREITに投資する投資信託もありますから、海外不動産に興味のある人は見てみてもいいかもしれませんね。

ETFは株式市場に上場している投信

次はETFの解説です。ETFの正式名称はExchange Traded Fundsといい、上場投信という意味です。先ほど株式市場で売買できるというJ－REITに触れましたが、J－REITはその取り扱う場所からETFのひとつに数えられます。

株式市場で株と同じように売買できる投信……ですか？

そうですね。**ETFは取扱うものによって株価指数や債券、REIT、通貨、金などの指数に連動して動くようになっています。**

株価指数に連動するインデックス型とは違うんですか？

運用方針は同じでも売買価格の変動の仕方が違うんですよ。通常の投信は1日1回算出される基準価格をもとに売買するのですが、ＥＴＦは金融商品取引所の取引時間中常に変動していて、その相場の動きを見て売買するのです。

なんだか難しそう。

常に価格が変動しているとどのタイミングで買えばいいのかと考えてしまうので、株投資に慣れていないと売買自体が難しいですね。

他に普通の投信との違いはあるんですか？

コストは全体的にＥＴＦのほうが安いです。

え！　コストが安い方がお得だし、ＥＴＦってもしかして良い商品なんですか？

コスト面では優秀ですね。以前は、積み立てサービスが使えない欠点がありましたが、最近では、ＥＴＦを定期的に積み立てられる証券会社も出てきています。最新の動向はウォッ

チしておいてください。

コストが安いなら選択肢になりそうですね。

とはいえ、先ほど言ったように常に価格が動いているので、八柳さんには難しいかと……

たしかに……

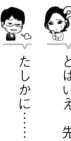

手数料が二重でかかるファンドラップ

八柳さんが好きそうですが、金融機関のサービスでファンドラップというものがあります。

僕が好きそうなんですか？

銀行や証券会社が提供しているサービスなのですが、専門家のアドバイスをもとに投資方針を定め、運用を一任するものです。

運用を一任ってどういうことですか？

つまり、お金を預けたら勝手に運用してくれるんです。

本当に僕が好きそうだ！

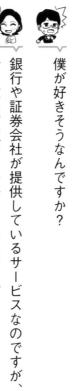

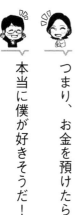

簡単なアンケートで投資に対する考え方や現在の資産状況に合わせてどこまでリスクを許容できるかを診断して、それに合わせた運用を行ってくれるんですよ。

すごく楽そうですけど、今までの流れだとそれだけ手間がかかっていると手数料が……

そうなんですよ。**投信にかかる手数料だけでなく、口座管理手数料や投資一任手数料といったコストがかかるんですよね。金融機関によってコストは異なりますが、だいたい1～3%程度かかりますね。**

ぬぐぐ、便利で良さそうなものはだいたい手数料の壁が立ちはだかりますね。

ちなみに、似たようなサービスでロボアドというものもあります。こちらはＡＩが運用を行ってくれます。

ＡＩが運用⁉　なんか未来的ですね。

こちらは、運用一任型以外にもアドバイス型というものがあります。

アドバイス型？

そのままですが、最適なポートフォリオと商品のみを提案するだけのサービスで、無料のものも多いですね。

無料！　それなら使ってみたいかも！

最終的には自己責任での投資ですが、商品選びの参考にする程度ならいいかもしれませんね。

▼セット型商品や通貨選択型は避けるべし

避けたほうがいい投信としてセット型商品や通貨選択型があります。

避けたほうがいい？　詳しくお願いします。

まず、セット型ですが、これは定期預金とセットで販売されています。これを購入すると定期預金の金利がアップするという特典がついています。

定期預金なら損はないし、良さそうですが、なにがダメなんですか？

こうしたセット型の場合って、**金利がアップするのは最初の数か月程度の場合がほとんどなんですよね。それでいて、セットになっている投信は手数料が割高になってるんですよ。**

え……それじゃあ、金利がアップしていても意味がないんじゃ……

意味がないどころか、マイナスにもなりかねませんね。

ひどい！　それなら、低コストの投信を運用したほうがいいじゃないですか！

そうなんですよ。定期預金なので一見損がないように見えて、実は……というパターンなのが厄介なところですね。

セットものランチだとお得なのに、金融の世界にはお得でないセットがあるのか……。気をつけます。

もうひとつの通貨選択型は投資対象の資産に加えて投資対象の通貨も選択できる投信です。

通貨を選択ですか？

そうです。トルコリラや南アフリカランドといった高金利通貨で運用し、「投資対象資産の価格変動」「為替変動による収益」「為替ヘッジプレミアムによる収益」の３つで収益を得ようという仕組みです。為替ヘッジプレミアムというのは通貨の金利差による収益です。

それはなぜ避けたほうがいいんですか？

高金利通貨は値動きが激しいため、為替変動によるリスクが高いんですよ。それに信託報酬も高いので、長期運用には向いていないんです。

手数料問題はどこにでもいるなぁ。それに高金利だからと言って飛びつくのはやめよう。大ヤケドしそうだ……

▼名前から投信の方向性がわかります

大まかに投信の種類があることはわかりましたけど、細かい部分ではどうやって目当てのものを探せばいいんだろう……

投信の特徴は名前を見ればだいたいがわかりますよ。

名前ですか？

たとえば、「日経225インデックス・オープン」の場合は、日経225のインデックス型だとわかりますね。オープンは追加型の意味です。

あ、なるほど。

「三井住友DSグローバルAIファンド（為替ヘッジあり）」の場合は、三井住友が運用

するグローバル、つまり世界各国のＡＩ関連銘柄に投資する投信ですね。

たまについてる愛称ってなんですか？

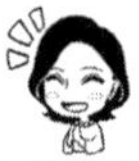

愛称は愛称ですね。特に意味はないです。

「三菱ＵＦＪ国際ベイリー・ギフォード世界長期成長株ファンド」の愛称「ロイヤル・マイル」とかなんかかっこいいですね！　買ってみようかな。

愛称には意味がないと言ってるじゃないですか！　愛称がかっこいいからって買うのはダメですよ！　しっかり中身を確認してください！

ごめんなさい～

リスクとリターンで選ぶでよいですか？

いろいろ教えてもらい、目星がついてきたと思いますが、具体的には僕はどれを買えばいいですか？

八柳さんは、長期運用、面倒な分析が必要ないことがポイントのように見えますね。

そうです！　面倒なことはできるだけ避けたいです！　そして、老後のために稼ぎたいです！

長期運用なら基本的にインデックス型ですね。あとは、リスクとリターンを考えながら国内型と国際型のバランスを考えていくといいと思いますよ。

あとは、債券型を組み込んでリスクをどこまで抑えるか考えるかってことですかね？

そうですね。いろいろ買うつもりならバランス型1本に絞ったほうが面倒さはないですね。

なるほど。インデックス型や債券型、バランス型から選ぶのが僕には向いているということですか。

八柳さんに限らず、初心者の方はそのあたりの投信が価格の変動もわかりやすいし、投資しやすいと思います。ただ、リスクを取ってでもリターンが欲しいなら、アクティブ型やテーマ型の運用もありです。

第5章

投信を選ぶときはどこをチェックすればいいの？

純資産総額やトータルリターン、コストなど、希望にかなった良い投信を見つけるには、さまざまな項目を見る必要があります。本章では、それらの見方や、投信を選ぶために便利なツールも紹介します。

大事なところを押さえていきましょう
似た内容の投信、コストも同じだけどどこで選ぼう……

投信を買うときは何を見ればいいんですか？

いろいろな種類の投信があることはわかったのですが、実際に選ぶとなると、どこから手をつければよいのでしょう？

見るべきことはいろいろありますねぇ。

先生の話を聞いて、金融機関のサイトにある目論見書とか投信の説明ページを見たのですが、いろんな情報が書かれてますけど、あれ全部見ないといけないのですか？

確かにいろいろ書かれていますね。でも、ポイントをおさえて読むといいですよ。

じゃあ、これだけ見たら間違いない！　みたいな必勝ポイントがあったりすると？

ここだけ見ておけば間違いないっというのは難しいですが慣れです。

やっぱりそううまくはいかないか……

ただ、チェックする箇所を把握できれば、そんなに大変ではありませんよ。チェックするポイントとしては、純資産総額の増減や、購入や保有にかかる費用、ベンチマーク、シャープレシオなどがあげられます。目論見書と金融機関の投信紹介ページなどでだいたいの情報は得られますよ。

知らない言葉ばっかりだ……

これらを知っていると知らないとでは投資結果が大きく変わるので、覚えたほうがいいですよ。

むむむ……。あ、そうだ。投信の種類によって見るポイントが違ったりもするのですか？

そうですね、インデックス投信なら対象とする指標のベンチマークが大事ですし、アクティブ投信でしたら純資産総額の増減や運用成績など、見るポイントは異なりますよね。

へぇ～……。

これからひとつひとつ説明していきますよ！　大事なところなので振り落とされないようしっかり付いてくるのですよ！

できるだけやさしく教えてくださいね（ブルブル…）

▼純資産総額が増えている投信を選びましょう

では、八柳さん、最初に覚えるポイントは「純資産総額」です。これわかりますか？

純資産総額？　基準価額とは違うのですか？

基準価額はあくまで投資家が売買するために設定された金額です。**純資産総額は、簡単に言ってしまえば投信の規模を表す数字ですね。**

投信の規模……？

投信が運用している資金総額です。ファンドマネージャーの運用した結果の損益や分配金、投資家が投信を購入したり解約したりすることで増減します。

僕たちが投資信託を買ったり、解約することで、大きさが変わるのですか？

投信は投資家から集めたお金を運用しているのが投資信託なので、購入されて資金が増えると純資産総額が増え、解約されたら減ることになります。

じゃあ、人気のある投信ほど純資産総額も多くなるのですね！

いいところに気が付きましたね！　投信を購入するとずっと運用が行われると思いがちですが、運用成績が芳しくないと解約する人もいますから、純資産総額が減少していくと、運用を取り止めてしまう場合もあります。当初思っていたとおりの運用が行えなくなりますから、純資産総額の推移はあらかじめ確認しておいたほうがよいでしょう。

そんなこともあるんですか……

そういった意味でも、投信を選ぶときは純資産総額が大きいものを選んだほうがよいかもしれませんね。

具体的にはどれくらいあるといいんですか？

一般的には、１００億円以上という風に言われていますから、その前後を基準にまずは考えてみるといいかもしれません。少なくとも30億円以上はあったほうが安心ではあります。

長期運用を前提に投資信託を選ぶなら、規模が多いほど安心できるってことですか？

そうです。ただ、純資産総額の規模が大きいことに加えて、推移も確認しておいたほうが安心です。たとえば、純資産総額が徐々に増加して１００億円になった投資信託と、純資産総額が徐々に減少して１００億円になった投信があったとしましょう。同じ純資産総額であっても、純資産総額が増加している投信は人気があるから資金が流入しているわけですが、減少している投資信託は人気がなくなっているから資金が流出しているわけです。純資産総額が現状に至るまでの推移が重要です。

なるほど～。純資産総額が減っているということは、運用がうまくいってなかったり、人気が落ちてるってことですもんね。

基本的には、どんな投信でも純資産総額が増加している投信を選ぶといいですね。

基本的にということは、例外もあるのですか？

レアなケースですが、「ＪＰＭザ・ジャパン」という日本株投信がありまして好成績を出す投信があったのですが、この成績に目をつけた金融機関が積極的に販売したことで、わずか数か月で純資産総額が約３００億円から約２９００億円にまで増えました。

約10倍じゃないですか！　成績ももっとよくなりそうですね。

そうだといいのですが、投信は結局、株等で運用を行っていますから、株式市場が調整するとともに値下がりすると人気がなくなりますから、結局は資金が流出することになります。「ＪＰＭザ・ジャパン」も毎月数百億円の資金が流出してしまい、その後株価が上昇しても、成績が低迷していしまいました。純資産総額が大きく減ったことでファンドマネージャーはどうすることもできなかったでしょうね。

その後はどうなったんですか？

２０１７年ごろからは調子を取り戻していますね。

なるほど、一気に資金が増えても、その後解約が増えると不安定になるということですね。

そうです。一気に純資産総額が増加している投資信託の場合、急激な増加の要因はあらかじめ調べておいたほうがいいですね。

基準価額と純資産総額の違いって何？

ちょっと気になったんですが、基準価額が上昇していることと、純資産総額が増加していることに違いはあるのですか？

そもそも基準価額と純資産総額はまったく異なるものです。基準価額が投信の価格、純資産総額は投信の大きさです。

人気が高かったり、成績が良いと基準価額も上がるのではないですか？

そもそも基準価額は投資対象の金融商品の値動きによって価格が決まるものです。投資対象の価格がどうして値上がりするのかといえば、購入する人が増えるからです。投資対象の金融商品が値上がりすると基準価額も上昇し、結果として投信の成績が良くなり、人気が出ます。そうすると、購入したい人が増えるので、純資産総額も増えていきます。

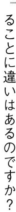

フムフム。

反対に、投資対象の価格が値下がりすると基準価額が下落するので、利益を確定しようと解約する人が出てきます。解約するためには投資先の金融商品を売却しなければならず、結果的に基準価額の下落につながり、解約を考える人が増えてきます。解約が増えれば純資産総額が減少することになります。ただ、基準価額は純資産総額を口数で割ったものですから、純資産総額の値下がり以上に解約する人が増えたら、基準価額が上がる場合もあるかもしれません。

なるほど。基準価額が上がっているから人気というわけではないんですね。

さらに、あまりにも人気がなくなって解約が続くと純資産総額が少なくなってしまい、運用を行うことが難しくなってしまうので、当初予定していた信託期間が終了する前に運用が終了してしまうこともあります。これを償還と言います。

その場合、投資したお金ってどうなるんですか？

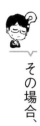

お金は戻ってくるので安心してください。

お金が戻ってくるならデメリットがないような気がするんですが……

デメリットはふたつあります。ひとつ目は、運用が中止されるわけですから、新しい投信を探さなければならないことです。

たしかに、それは大変だ……

もうひとつのデメリットは、償還されたときに利益部分については税金がかかってしまうことです。再度投資を行う際に、税金分目減りした金額から始めることになってしまうのです。

税金がとられるから、運用するお金が減っちゃうのか……

そもそも解約が続いて純資産総額が減少しているということは、投信の成績そのものが悪くなっている場合が多いということでしょう。成績が良ければ解約する人はがそんなに増えることはないでしょうから、純資産総額が減少傾向にある投信は避けたほうが良いかもしれません。特に、長期での運用が前提なのであれば、成績が悪い投信を持ち続けることは資産運用がうまくいかない可能性が高いと考えられます。基準価額の上昇も確かに重要ではありますが、純資産総額が増えている投信を基準に投信を選ぶことも大切だといえますね。

たしかに……

マザーファンドの純資産総額も重要です

ファミリーファンド方式の投信の純資産総額を確認するときは、購入予定の投信だけでなく、その先のマザーファンドの純資産総額も重要ですよ。マザーファンドの純資産総額は運用会社のサイトなどで公開されています。

ベビーファンドからお金を集めて、マザーファンドが実質的な運用をするんでしたっけ？

ちゃんと覚えていますね。同じような条件の投信で悩んだ際は、マザーファンドの規模の大きいものを選ぶのがポイントです。株式や債券などの値動きによる影響も小さくできますし、運用の効率化を図ることができますから、規模が大きいほどスケールメリットを生かした運用を行うことができるからです。

購入する投信の先にあるものもチェックしなければならないのか……

もっと言うと、ベビーファンドの数が多い方が理想的ですね。

へぇ〜。ベビーファンドが少なくても純資産総額が多ければ問題ないんじゃ？

ベビーファンドの数が少なく、特定のベビーファンドに純資産が偏っている場合、そのベビーファンドの解約が増加した場合、マザーファンドの運用に影響を及ぼしてしまう可能性が考えられます。ファミリーファンド方式をとっている場合、マザーファンドにぶらさがっているベビーファンドを分散することでもリスクを抑えていますから、あらかじめベビーファンドについて確認しておいたほうがいいかもしれませんね。

なんだか、分散投資に似ていますね。

騰落率とトータルリターンは信用しすぎないで

投信がどれだけ成績が良いのかも気になるところですよね？

はい！　なんなら一番気になるところです！

投信の成績を見るポイントとして騰落率とトータルリターンがあります。

どっちも名前的に成績がわかりそうな感じがしますが、どう違うんですか？

騰落率は、一定の期間に基準価額がどれだけ上がったか、下がったかをあらわしたものです。前日比や1週間、1か月、3か月、6か月、1年、3年、5年といくつかの期間で分けて発表されています。トータルリターンは手数料や分配金などを含めて計算したもので、こちらもいくつかの期間に分けて発表されています。ちなみに、設定来というのは、設定日から現在までの成績です。

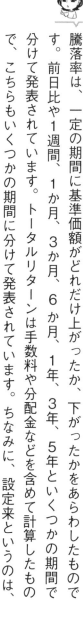

騰落率とトータルリターンの違い

騰落率

一定期間中に基準価額がどれだけ上がったか、下がったかを示す。

トータルリターン

手数料や分配金を加味して、どのくらいの利益を上げたのかを示す。

トータルリターン

	1ヵ月	6ヵ月	1年	3年	5年	設定来
本ファンド	7.93%	20.40%	20.66%	6.27%	11.83%	385.11%
カテゴリ平均	10.17%	21.39%	18.10%	4.99%	8.30%	--

基準価額騰落率（期間別）

期間	騰落率
前日比	+0.74%
1週間	-0.87%
1カ月	+1.72%
3カ月	+12.11%
6カ月	+16.83%
1年	+20.36%
3年	+19.17%
5年	+76.69%
10年	-
設定来	+385.98%

SBI証券の場合はこのように表示されます。

手数料や分配金が含まれているから、トータルリターンのほうがリアルな数字になりそうですね。

そうですね。実際、トータルリターンが重視されることが多いですし、販売会社は年に1回以上投資家に対し、購入している投信のトータルリターンを通知することが法律で義務付けられていますね。

じゃあ、トータルリターンだけを見ればいいってことですね！

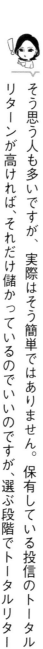

そう思う人も多いですが、実際はそう簡単ではありません。保有している投信のトータルリターンが高ければ、それだけ儲かっているのでいいのですが、選ぶ段階でトータルリターンを見たところでそれは過去の数字です。今後どうなるかは誰にもわからないので、信用しすぎるのは危険です。

買ったあとに大きく下がる可能性もあるってことですか……。うーん。それなら見なくてもいいのかなぁ。

いいえ、トータルリターン単体で判断するのは危険なので、純資産総額とセットで見ましょうという話です。純資産総額が増加していて、さらにトータルリターンが高ければ、運用成績は優秀だと考えることができます。

なるほど。純資産が減少していれば、トータルリターンの数値を怪しむということですね。

これから説明するポイントもそうですが、単独で判断するのではなく、総合的に判断することが重要ですよ。

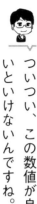

ついつい、この数値が良いから優秀って思いこんでしまいますが、いろんなところを見ないといけないんですね。

そうですよー。いくつかの情報を組み合わせて答えを見つけ推理していく、そんな感じです。

「あれれー？おっかしいぞー⁉」という感じで見て、他の情報と照らし合わせる。というわけですね！

……まあ、そういうことです。

投資効率だけで成績を見てはいけません

投信の成績を計る指標って他にもなにかありますか？

リスクに対してどれだけ効率よくリターンを出しているのかを示す指標として、シャープレシオというものがあります。

リスクに対して……効率よく……？

細かい計算式は難しいので割愛しますが、たとえば、ローリスクの投信が１００万円稼ぐのと、ハイリスクの投信が１００万円稼いだ場合は、ローリスクの投信のほうがリスクに対して効率よく稼いでいますよね？　この場合、シャープレシオはローリスクのほうが高くなります。

なるほど。数字が高ければ高いほど効率よく資産運用しているってことですか？

基本的にはそうです。商品内容が似た投資信託を比べるときに、どっちが効率よく運用しているのかを判断するときに目安として使うとよいでしょう。

でも、これも過去の数字で計算しているってことですよね？　やっぱり信用しすぎるのは危ないですか？

そうですね。ひとつの目安としてならいいですが、高いからといって購入を決めてしまうのは早計です。

ここも総合的に判断しないといけないんですね。

他にも注意する点がありまして、実はシャープレシオは利回りがマイナスの場合は、リスクが大きいほど、数値が大きくなってしまうんです。

え？　なんでですか？

シャープレシオの計算式

シャープレシオ＝リターン÷リスク（標準偏差）

条件によってはシャープレシオは機能しない

投信A（リターン－10%、リスク10%）
－10%÷10%＝－1.0

投信B（リターン－10%、リスク20%）
－10%÷20%＝－0.5

投信C（リターン10%、リスク10%）
10%÷10%＝1.0

投信D（リターン1%、リスク1%）
1%÷1%＝1.0

リターンが
マイナスだと、
リスクが高い方が
数字が大きくなる

う～ん?リターンがマイナスだと結果がおかしい
計算結果に欠点があるので、それを把握した上で使ってください

計算上の問題で、たとえば、リスクが10％の投信Aと20％の投信Bの利回りが両方ともマイナス10％だった場合、投信Aのシャープレシオはマイナス1・0になりますが、投信Bのほうはマイナス0・5になります。数字だけ見ると投信Bのほうが数値は大きいですよね？

これ、シャープレシオだけ見てたら勘違いしてしまいますね。

そうなんですよ！　リスクが10％で利回りが10％の投信Cとリスクが1％で利回りが1％の投信Dがあった場合もどちらもシャープレシオは1になります。

シャープレシオは同じなのに、内容は全然違う……

このような欠点があるので、シャープレシオを使うときは投資対象が似ている投信で比較して、利回りを確認する必要がありますね。

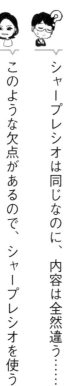

漠然と投信を探すときより、ある程度投信を絞って似たような投信を比較するときに使うのがよさそうですね。

そういう使い方がいいでしょうね。ほかの使い方としては、シャープレシオそのものではなく、シャープレシオの計算式に使われている投信のリスクが参考になります。

そういえば、投信のリスクって数値化できるんですか？

投信のリスクは標準偏差と呼ばれ、投信がある期間内にどのくらい変動したのかを表す数値です。金融機関の投信のページなどに表示されています。

偏差値みたいな名前ですね。

みたいというか、偏差値そのものですね。

ということは、偏差値が高いほど優秀ってことですね！

って思うでしょう？　でも違うんです。偏差値は高いほど、平均より高いという意味ですよね？　つまり平均からのブレが大きいということです。投信におけるリスクの標準偏差は高いほど、値動きのブレが大きいということなので、リスクが高いと判断されます。逆に、標準偏差が低ければ値動きのブレが小さくなるので、リスクが低いと判断できます。

でも、値動きのブレが大きいっていうことは価格が上がりやすいってことじゃないんですか？

たとえば、標準偏差が20％で平均利回りが5％の場合、その5％を軸に利回りは25％になる場合もあればマイナス15％になる可能性もあります。短期売買であればブレが大きいほうが良いかもしれませんが、長期運用の場合は、運用計画に支障が出てしまう可能性があるので、値動きのブレは小さいほうが優秀と言えます。

なるほど……。あまりブレが大きすぎると思ったより儲からなかったときのダメージが大きそう……

とはいえ、これも過去の数値を参照にしているので、選ぶときには参考程度にしておけば十分です。

▼コストはできるだけ抑えましょう

投信にかかるコストも投信選びでは重要です。

コストって何度か出てきている信託報酬とかの手数料ですよね？

その**信託報酬は、運用会社、管理会社、販売会社それぞれに支払われるコストです。**信託財産の中から「純資産総額に対して何%」といった形で毎日差し引かれます。間接的に支払うので、自分が支払っているという意識は低くなりがちですが、見落としてはいけない重要な部分です。

ずっと手数料が発生するならそれなりの負担になりそうですね。具体的に何%ぐらいの投信を選ぶといいんですか？

具体的に何%というよりは、似たような投信を比較して選んだほうが良いですね。

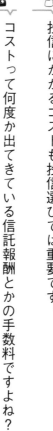

なるほど。最初に説明してもらった注意点ですね。投信を比較して、相対的に安いものを選ぶと。

そうです。それと、信託報酬以外にも、ほかにも販売手数料や売却時にかかるコストがあります。

いろいろな手数料があるんですね……

まあ、販売手数料についてはノーロードと呼ばれる手数料無料の投信が多いので、そこまで気にする必要はないですね。

ノーロードって手数料無料と意味だったんですね⁉

コストを抑えることで儲けを増やすことができますから、初期費用ではありますが、ノーロードの投信から選んだほうがオトクですね。

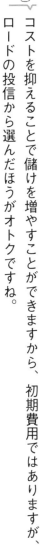

できるだけ、お金は払いたくないですからね……

売却時にかかる信託財産留保額というコストもあるのですが、こちらは実はあったほうが良かったりします。

ええ！　売却時に支払うんですよね？　お金を支払わなきゃならないのになんであったほうが良いんですか⁉

コストの性質が違うのです。信託財産留保額は、販売会社や運用会社の利益ではなく、投信の純資産総額に戻す手数料です。たとえば、投信を解約するときには、株を換金してお金を用意するわけですが、その時にさまざまな手数料が発生します。投信の保有者だけで負担するのではなく、換金する人にも負担してもらおうというのが信託財産留保額だからです。

純資産総額が減りにくいってことですか？

信託財産留保額の仕組み

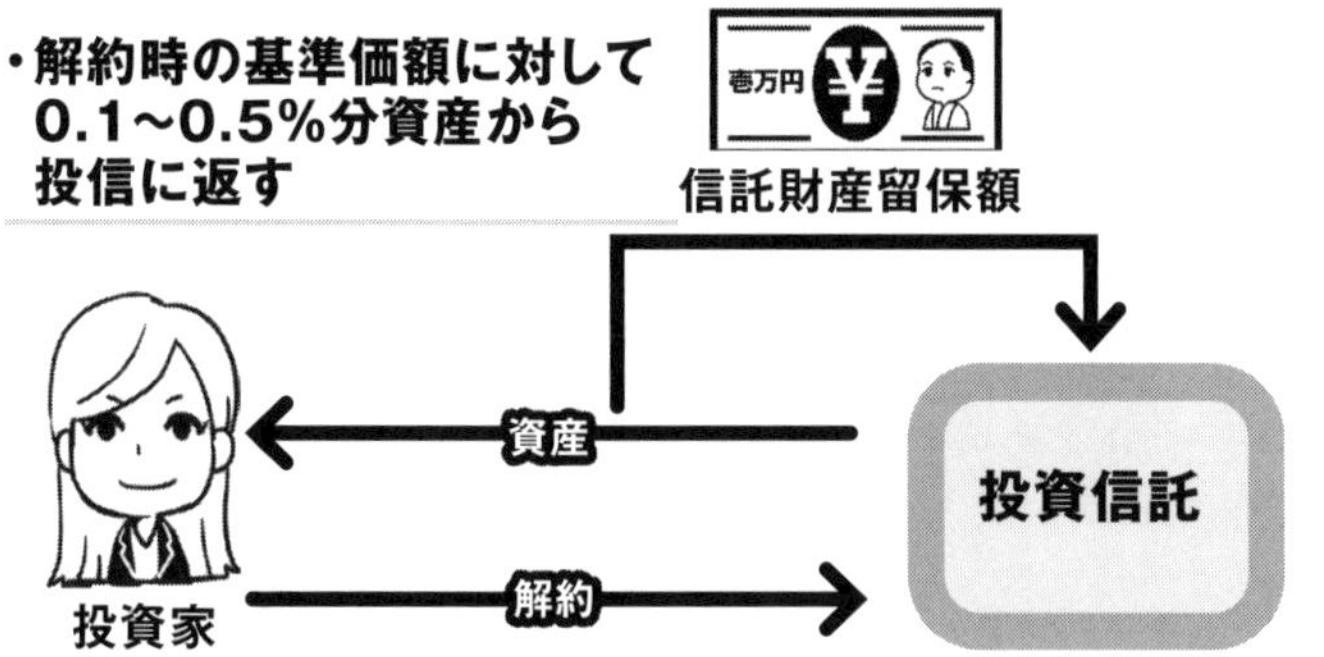
・解約時の基準価額に対して0.1～0.5%分資産から投信に返す
壱万円
信託財産留保額
資産
投資信託
解約
投資家

そうですね。短期売買をする人にとってはこのコストが痛手になりますが、長期で考えている人にとっては、価格の安定につながるのでポジティブなコストといってもいいでしょう。

うーん、でも結局自分も支払わないとダメなんですよねえ。

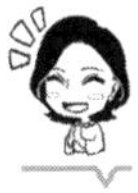

そう思う人がいるから、価格の安定にもつながるんですよ。手数料は平等にかかるものですから仕方ありません。コストがかかりますから短期で売買をしようと考える人が減って解約されにくくなりますから、純資産総額が安定し、ファンドマネージャーも運用に困るということが少なくなります。

かかるコストを押さえておこう

販売手数料

購入時にかかる手数料。ゼロの投信は「ノーロード」と呼ばれる。基準価格に対して何％で表記される。

信託報酬

信託財産から日割りで毎日差し引かれる。純資産総額に対して年何％という形で表記される。

信託財産留保額

解約するときに支払う手数料。基準価格に対して何％という形で表記される。

税金

解約時の値上がり益（譲渡益）と分配金（普通分配）に対して20.315％が課税される。

言われてみればたしかに……

ただ信託財産留保額は純資産総額が大きくなりやすいインデックス型には採用されることはほとんどないですね。アクティブ型の投信など純資産総額が少ない投信に設定されていることが多いです。投信によりますから、事前に確認しておいたほうがいいですね。

ベンチマークVS投信で比較しましょう

投資するとラクにお金を増やせるって思ってたのに、数字ばっかり見て地道な作業が多いんですね。

数字から読み取れることは多いですからねぇ。

なんか投資のイメージって日経平均とかのチャートばっかり見てるイメージでした。投信ってチャートはあんまり見ないのですか？

そんなことはないですけど、株やＦＸに比べたら重要度は下がるかもしれませんね。それにチャートを見るのは購入後のほうが多いですしね。

投信を選ぶときにチャートから読み取れることはないんですか？

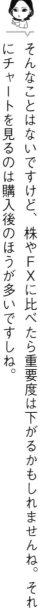

選ぶときでしたら**ベンチマークとの比較を見るのが良いですね。**

ベンチマークってなんですか？

投信が運用の指標としている基準のことですね。たとえば、日本株式に投資する投信であれば、ＴＯＰＩＸや日経平均株価などの指数、債券型なら債券指数などがベンチマークになります。

インデックス型の参考にする指数もそうですか？

そうです。インデックス型の場合はベンチマークと連動した動きをすることが重要です。

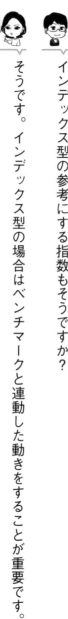

ベンチマークより優秀ではだめなんですか？

インデックス型はベンチマークと連動した動きをすることを目標としているので、ベンチマークと同じ運用成果を得ているほうが優秀です。インデックス型投信がベンチマークと

異なる動きをしている場合は、運用内容がベンチマークとしている指数と異なることになります。

じゃあ、アクティブ型の場合はどうなんですか？

アクティブ型投信はベンチマークを上回る運用成果を目指す投資信託なので、ベンチマークを上回っている投資信託のほうが優秀になります。

ベンチマークは必ず見るようにします！

▼分配金は多いほうが得なの？

投信を選ぶときに見るポイントとして、他には分配金があります。

あ、聞いたことがあります！　名前からするとお金がもらえるってことですよね！

そうなのですが、**分配金は多ければよいというわけではありません。**

どうしてですか？　お金がもらえるのに……

そのお金はどこから出ていると思いますか？

？　投信からもらえるんだから投信なんじゃ……

そうです。投信から支払われています。正確には、投信が得た利益から支払われますが、分配金が支払われない場合は運用に回されるので複利効果が得られます。この違い、どういうことがわかりますか？

複利効果というと、再投資することで、利益を増やしていくことができるんでしたよね？その分が分配金として支払われるってことは運用効率が悪くなるってことですか？

そうです。同じ成長している投信でも分配金がたくさん支払われる投信は長期的に見ると分配金をあまり支払わずに再投資する投信に比べて利益が少なくなり、運用効率としては悪くなる可能性があるのです。

分配金を受け取れると嬉しいですけど、目先のちょっとした利益に騙されないようにしたほうがいい場合もありそうですね。

長期運用を前提にするなら、無分配、もしくは年1回というような分配回数が少ない投信がいいですね。

でも、毎月分配するような投信はそれだけ儲かっているんじゃないんですか？

そうとは限らないですよ。

そうなんですか？

毎月分配しているから運用成績が必ずしもいいわけではありません。運用成績が悪いときは特別分配という形で分配金が支払われています。

特別分配？　なんかボーナスみたいな感じがしますね！

そう思ってしまう人が多いのですが、残念ながら違います。**特別分配というのは、元本から支払われる分配金です。**ちなみに、さきほど説明した利益から支払われる分配金は普通分配と呼びます。

元本って投資家が投資した金額のことですよね？　それが戻ってくるってことですか？

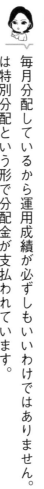

分配金の仕組み

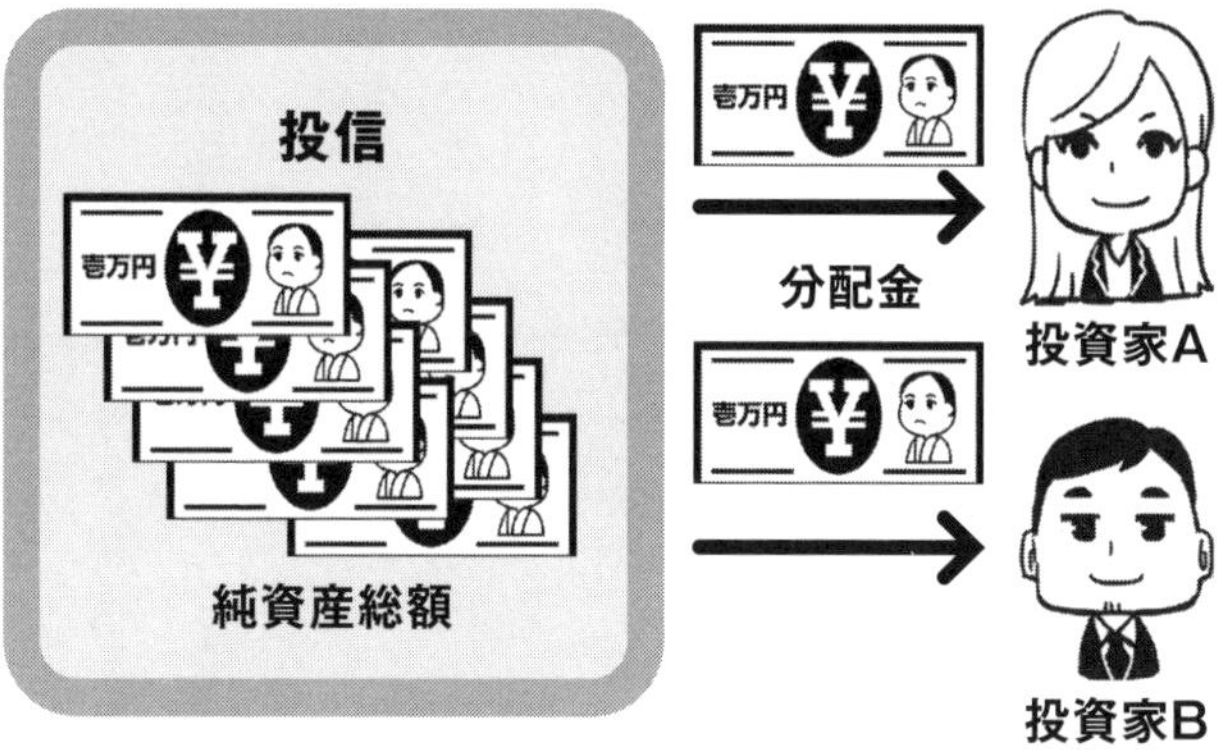
投信
壱万円
純資産総額
分配金
投資家A
投資家B

- **純資産総額のうち利益分の中から分配金（普通分配金）が支払われる**
- **成績が悪いときは特別分配という形で投資家の個別元本を切り崩して支払われる**

お得だと思ってたのに、無いほうがいいなんて…
長期投資なら分配金はないほうが良いのです

そうです。１万円で投信を購入しているときに１００円の特別分配金が支払われた場合は元本は９９００円になります。

ええ！　そんなの意味ないじゃないですか！　長期的に見たら元本を取り崩しているだけじゃないですか！

それに分配金を支払うためには手続きがかかるので、投資信託のコストが高くなりがちです。

分配金がもらえてうれしいと思ってたけど、そうでもなさそうですね。

このあたりをきちんと理解できている人が少ないから、毎月分配型の投信が人気だったりするんですよね……

分配金を受け取らない方法はあるんですか？

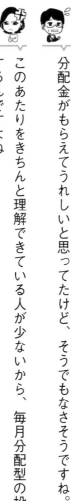

分配金の再投資というものもあります、分配金がある投信では再投資するかどうかを購入時に選ぶようになっているのですが、再投資に設定しておけば、自動的に分配金が同じ投信に再投資されます。ちなみに、分配金を受けとるコースは一般型、分配金を再投資するコースは累投型と呼びます。

あ、それがあるなら毎月分配型でもいいんじゃないですか？

八柳さんひとりのお金で運用しているならいいのですが、実際は多くの人のお金で運用されているので、再投資を選択しない人もいます。そうなると、純資産総額は減ってしまいます。それに、再投資とはいえ、いったんお金を受け取っているので税金がかかってしまいます。

あえて毎月分配型を選ぶ必要はないんですね。高い分配の投信とか魅力的に見えてたんだけどなあ。

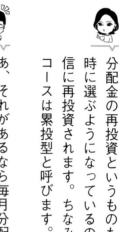

高分配の投信は結構危険ですよ。成績が悪いと分配金がある分、基準価額の下落の勢いが強まりますからね。あとは、分配金が当初の金額から引き下げられる減配が発生するととても危険な状況です。

分配金が減ることもあるんですか。

分配金が減るということは投信が実力以上の分配を続けてきた結果、分配金を下げなくてはならない状況に陥ったということです。つまり、成績が当初の目標よりも大きく劣っているということになります。過去の分配金の支払いがどのような状況だったのか、推移を確認しておくようにしましょう。

うぇ、知らずに投資したらひどいことになりそうだ……。分配金のメリットってあるんですか？

分配金は定期的な収入になる点はメリットと言えます。たとえば老後、投信を運用しながら毎月分配を受け取るという形もありえますね。

少なくても、その老後までに増やすことを考えている今の僕には必要ない受け取り方ですね……

▼償還日って長いほうがいいの？

横山先生、これまで償還について何度かでてきましたが、その辺りを改めて教えてください。

はい、まず**投信によって設定されている償還日があります。これは投信の運用が終了する日ですね。**

投信の運用が終了したらどうなるんですか？

償還日時点の純資産が、投資口数に応じて償還金として支払われます。解約したときと同じだと思ってください。

この償還日って長いほうがいいんですか？

長ければいいというものではありませんが、無期限のものもあります。運用したい期間以上の投資信託を選ぶのもいいでしょう。

うん？　なんでですか？

八柳さんが30年後までに資産を形成したいとしますよね？　それなのに10年目で運用が終了してしまったら、また最初から投信を探さなければならないのですよ。それに利益を受け取ったらそこで税金が発生するので、資産が目減りして再投資することになりますよ？

また、そこに……。投信を選ぶのは面倒だし、資金が減るのも嫌です……

また、インデックス型ならどれも運用方針は同じなので、買い替える必要はありませんから、予定する運用期間より長く設定されているほうがいいでしょうね。

ちなみに、アクティブ型はどうなんですか？

アクティブ型投信はどちらかといえば積極的な運用が前提になりますから、運用期間中の市場動向を絶えず分析していく必要があります。しかし、20年、30年先の市場動向を予想できる人はいませんから、長期での運用よりも、どちらかといえば短期間での運用が前提になるかもしれません。償還期間が長かったとしても、長期での運用に値するかは判断が難しいですしね。

たしかに、そんな未来を予測できたら、どこの予言者だ！　って話ですね。

設定時点では優秀な商品でも時代が変われば陳腐化し、通用しなくなってしまう可能性もあります。償還期限の長さよりも、設定日がいつなのか、そして過去の運用がどうなのかは確認したほうがいいかもしれません。純資産総額が減って運用に支障をきたす場合は、期限を前倒しして償還する場合もあります。繰り上げ償還といいますが、そうした事態も考えておきましょう。ちなみに、逆に償還日が延長される投資信託もなかにはあります。

やっぱり、アクティブ型は難しそうだ……

また、信託期間が短い投信はコストが高い傾向があるので、コストを抑えたい場合は避けたほうがいいでしょう。

いろいろあるんだなあ。

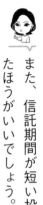

どうやって投信を探せばいいの？

投信を選ぶときのポイントをいろいろ教えてもらったのですが、種類がありすぎてどうやって絞り込もうか悩むんですよね。

ネット証券で自分で探そうとすると種類がありすぎて途方にくれますよね。そんなときはスクリーニング機能を使って、ある程度数を絞り込むことをオススメします。

スクリーニングですか？

スクリーニングとは「審査」「選考」「ふるい分け」といった意味があります。モーニングスターやネット証券のサイトで利用できるのですが、自分で条件を設定して、その条件に合致した投信を検索することができます。

どうやって検索するのでしょう？

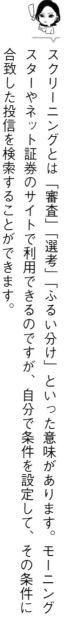

たとえば、楽天証券の「スーパーサーチ」というスクリーニング機能ですが、分配金の頻度や投信のタイプ、何に投資するのか、純資産総額など18項目を設定して投信を絞り込むことができます。

おお！　便利そう！

楽天証券では投信を2680銘柄取り扱っていますが、たとえば、「分配金は年1回」「インデックス型」、「国内株式」という条件にするだけで80件にまで絞りこむことができます。

買いたい投信の条件が決まっていれば、絞り込むのがラクそう……

詳細に条件が決まっていなくても、とりあえず、インデックス型だけ見たいというときにも便利ですよ。

楽天証券の「スーパーサーチ」

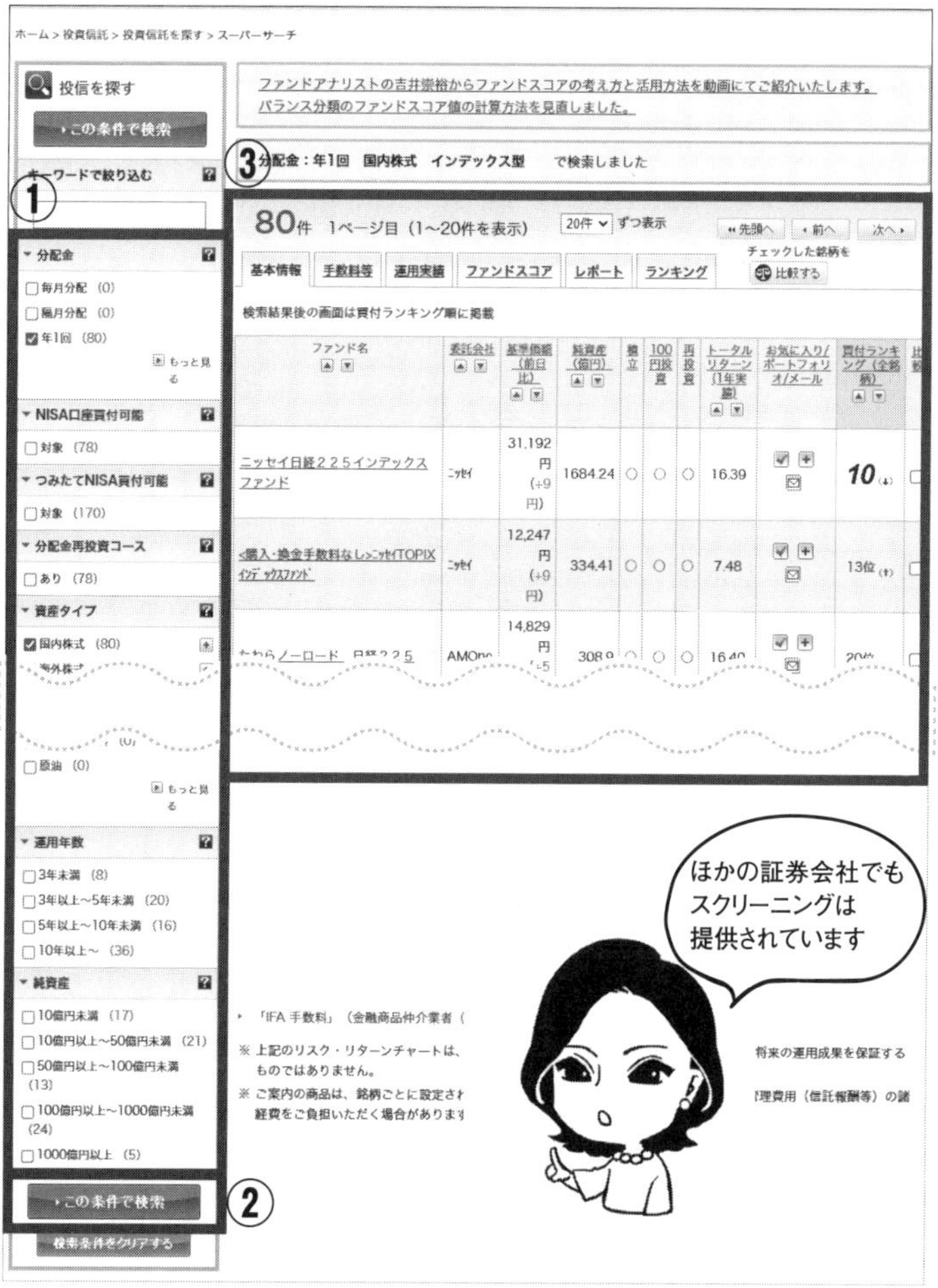

①検索したい条件を設定する
②「この条件で検索」をクリックする
③条件にマッチした投信が表示される

投資先を分散する必要はある？

分散投資が大事と言いましたけど、投信自体、分散投資されているはずですが、さらに投資先を分散する必要はあるのですか？

投資先の種類を増やすこと自体は無駄ではありません。

じゃあ、複数種類買ったほうが良いのかな？

何を買うのかによりますね。たとえば、**日本株投信を複数買うならあまり意味はありませんが、日本株、米国株、海外債券といったように異なる種類の投信を買うのであれば意味があります。**

でもそれって、バランス型でもいいですよね？

そうですね。バランス型ならそれだけで、分散投資の効果が発揮されますね。

それなら、バランス型を一本買うだけでもいいのかぁ。

数が少ないほうが管理は楽ですからね。無理して複数購入する必要はないと思います。

複数買うときの注意点とかはありますか？

複数買うときはポートフォリオを考える必要がありますね。

ポートフォリオってなんですか？

ポートフォリオというのは自分の資産をどのようなバランスで運用しているのかを示すものです。たとえば、日本株50％、米国株50％といったようにどのような割合で投信を買うのかを決めます。

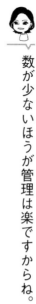

なんだかややこしそう……おすすめのポートフォリオってないんですか？

このあたりは運用方針によって変わりますからねぇ。リターンを追求したいなら国内株、海外株、新興国株あたりを組み合わせたほうが良いですし、堅実運用なら3割～4割は債券で運用したほうが良いですしね。

自分で決めなきゃならないのか。

その点、バランス型ならポートフォリオを考える必要がないのも利点ですね。

そういわれるとバランス型がすごく魅力的に見えてきます。

あとは、金融機関のリスク許容度検査などを使って、自分にとって最適なポートフォリオを作ってもらう方法もありますね。

リスク許容度検査とはなんですか？

簡単なテストで自分がどれくらいのリスクを許容できるのかを判断するテストです。たとえばＷｅａｌｔｈ Ｎａｖｉでは、株や債券をどのような割合で持てばいいのかも教えてくれます。

へー、そんな便利なものがあるんですね。後で僕もやってみよう！

Wealth Naviのリスク許容度検査

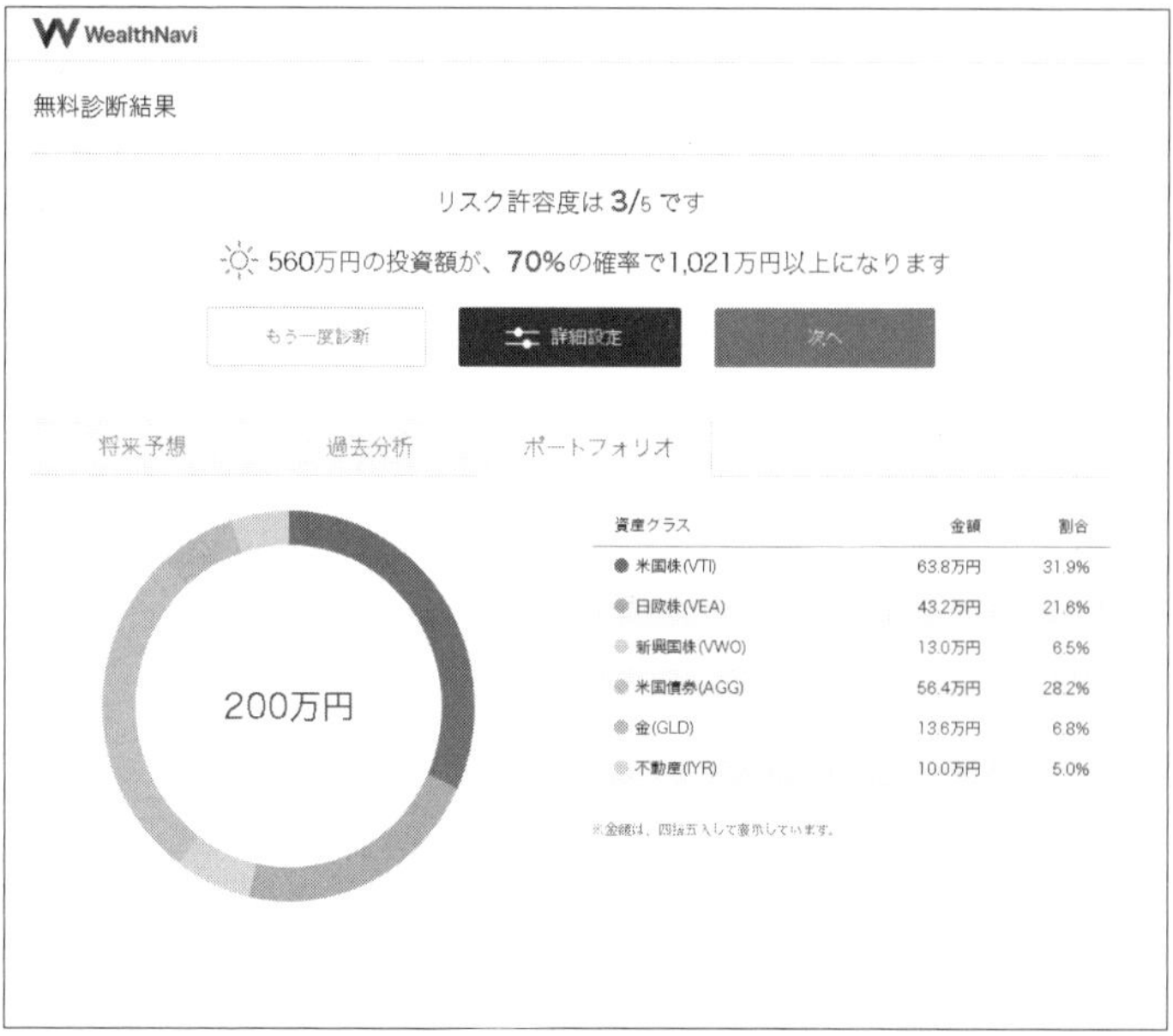

簡単な質問に答えることで、自分にとって最適なポートフォリオを教えてくれる。

モーニングスターでポートフォリオを作る

ポートフォリオを作るときは、モーニングスターの「かんたんファンド検索」も便利です。

それはどんな機能ですか？

自分が投資する金額と投資期間、目標金額を入力すると、どんなポートフォリオで運用し、どんな銘柄を選べばいいのかを教えてくれます！

便利すぎる！

具体的な銘柄が紹介されるので、投信を絞り込みたいときにも便利ですね。

そのまま購入をしなくても、参考にするだけでも心強い味方になってくれそう……

目標金額を達成するために必要な利回りも計算してくれるので、投信選びのヒントになりますね。

どう使えばいいんですか？

たとえば、「かんたんファンド検索」の画面を開き、毎月１万円の積み立てで30年運用、目標金額は８００万円として入力していきます。すると目標利回りは年４・８％と表示されます。つまり、目標を達成するには年利４・８％以上になるポートフォリオを組むなり、バランス型を買うなりすればいいわけです。

使い方はいろいろありますね！

モーニングスターでポートフォリオを作ろう

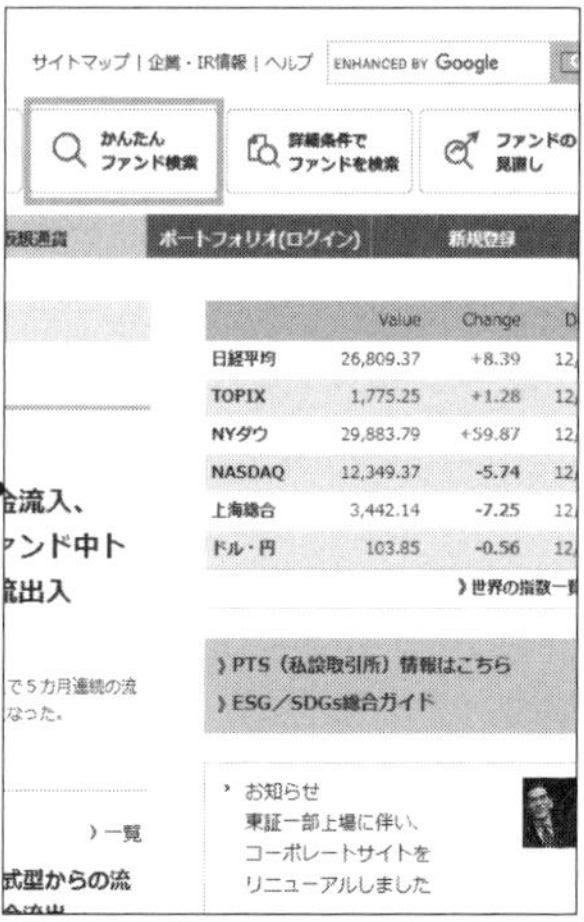

①「簡単ファンド検索」をクリックする。

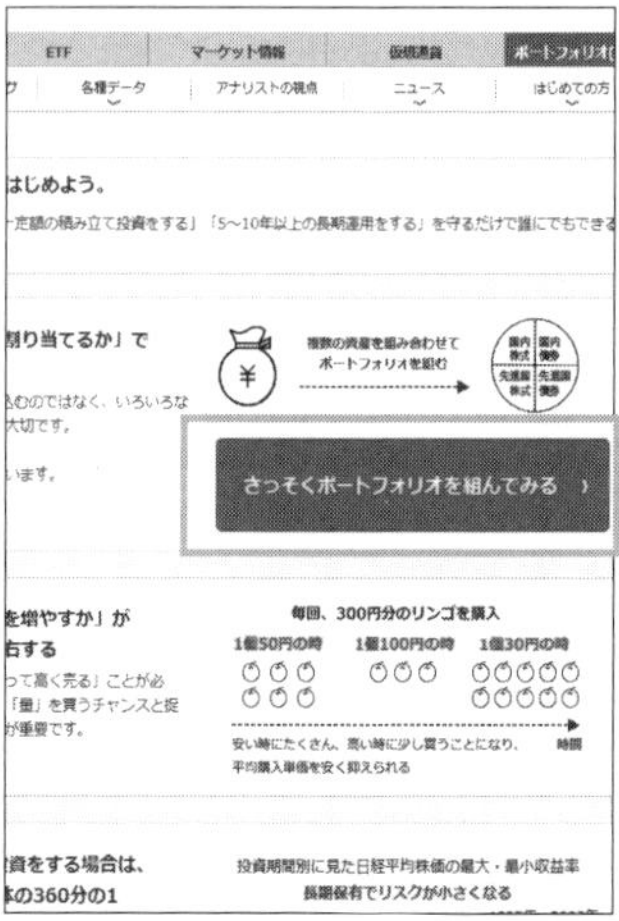

②「さっそくポートフォリオを組んでみる」をクリックする。

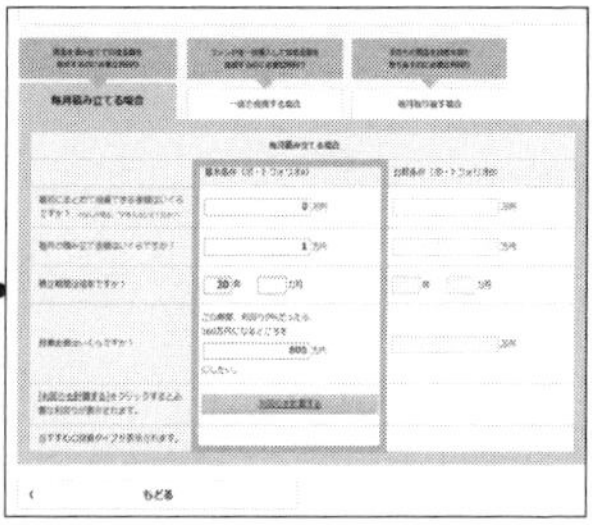

③積立金額や積立年数、目標金額を入力し、「利回りを計算する」をクリックする。

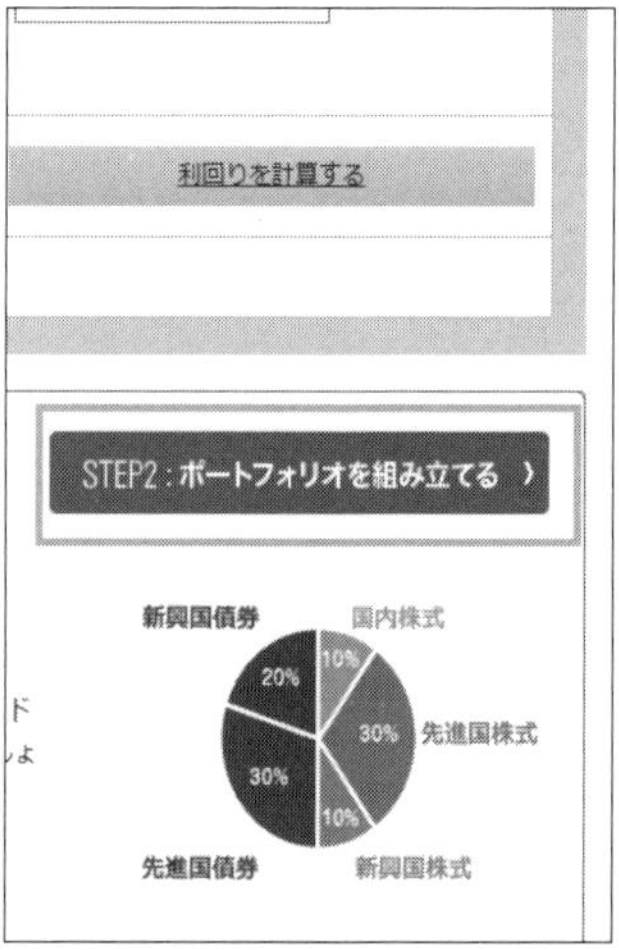

④「STEP2 ポートフォリオを組み立てる」をクリックする。

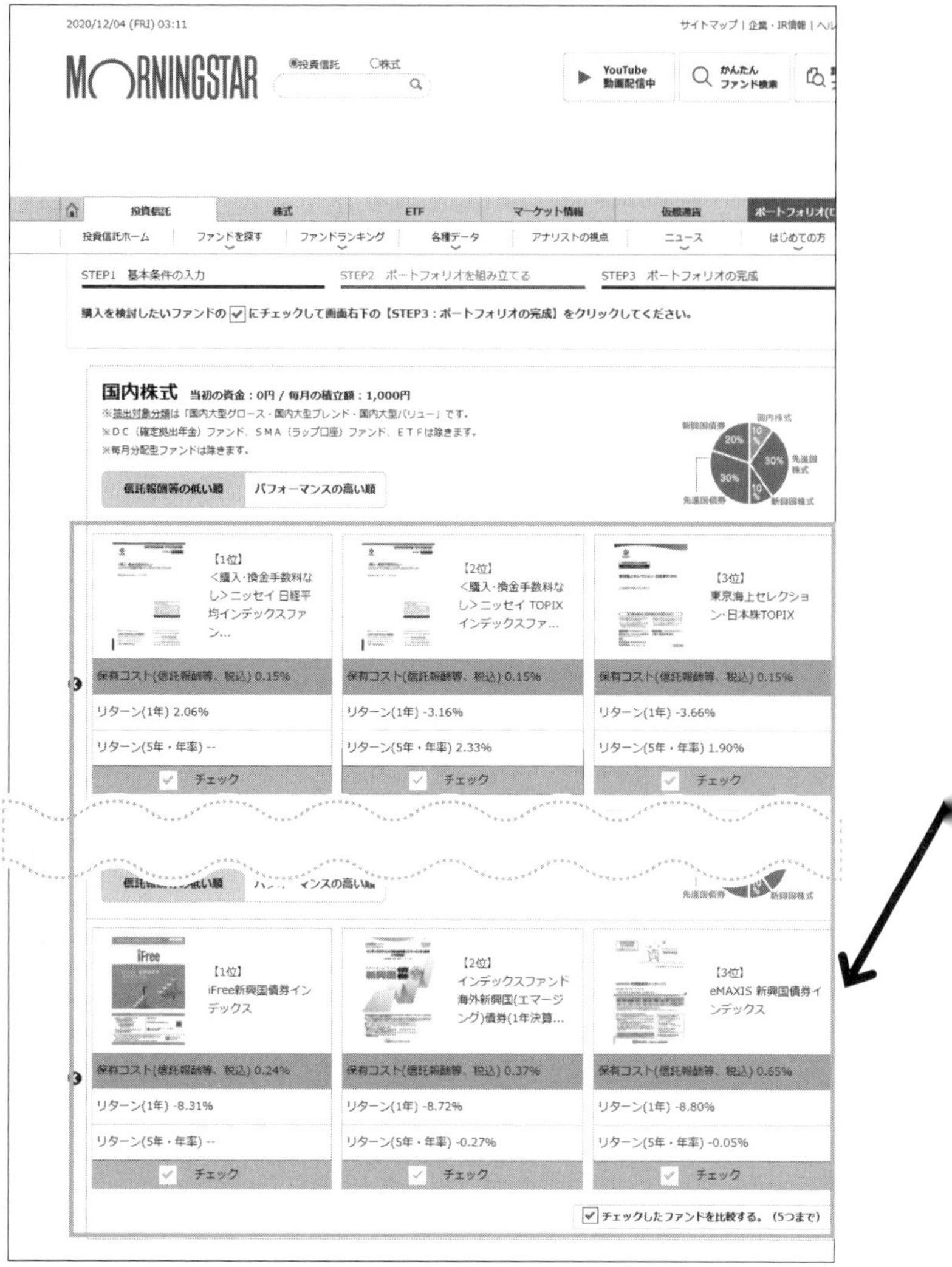
2020/12/04 (FRI) 03:11
MORNINGSTAR
STEP1 基本条件の入力
STEP2 ポートフォリオを組み立てる
STEP3 ポートフォリオの完成
購入を検討したいファンドの にチェックして画面右下の【STEP3：ポートフォリオの完成】をクリックしてください。
国内株式 当初の資金：0円 / 毎月の積立額：1,000円
信託報酬等の低い順
パフォーマンスの高い順
【1位】 <購入･換金手数料なし>ニッセイ 日経平均インデックスファン…
保有コスト(信託報酬等、税込) 0.15%
リターン(1年) 2.06%
リターン(5年・年率) --
【2位】 <購入･換金手数料なし>ニッセイ TOPIX インデックスファ…
保有コスト(信託報酬等、税込) 0.15%
リターン(1年) -3.16%
リターン(5年・年率) 2.33%
【3位】 東京海上セレクション･日本株TOPIX
保有コスト(信託報酬等、税込) 0.15%
リターン(1年) -3.66%
リターン(5年・年率) 1.90%
【1位】 iFree新興国債券インデックス
保有コスト(信託報酬等、税込) 0.24%
リターン(1年) -8.31%
リターン(5年・年率) --
【2位】 インデックスファンド海外新興国(エマージング)債券(1年決算…
保有コスト(信託報酬等、税込) 0.37%
リターン(1年) -8.72%
リターン(5年・年率) -0.27%
【3位】 eMAXIS 新興国債券インデックス
保有コスト(信託報酬等、税込) 0.65%
リターン(1年) -8.80%
リターン(5年・年率) -0.05%
チェック
チェックしたファンドを比較する。（5つまで）

⑤ポートフォリオに応じた投信が表示される。

サイトのランキングはあてになるの？

金融機関のサイトを見ているとランキングがありますけど、ここから選ぶのってどうなのですか？

参考程度にするならいいですけど、**ランキング入りしている投信から選ぶ、という選び方はおススメしませんね。**

たくさんの人が買っているんですから、成績も期待できるんじゃないのですか？

主なランキングは、純資産残高や資金流入額ですから、お金が集まっている投資信託ではあります。ただ、ランキングに掲載されている投資信託は販売会社が販売攻勢をかけている場合も多いんですよ。お金が集まっていることは事実ですが、実力に見合っているかは疑問です。なので、ランキングだけで選んでしまうのは危険だと思います。

じゃあ、運用成績ランキングはどうですか？　これは実力が示されていますよね？

運用成績はある程度参考にはなりますが、過去の成績は未来を保証するものではありません。あくまでも参考程度でしょう。

それなら、銀行とか証券会社の営業の人にオススメされる投信はどうですか？　専門家ですから信用してもいいですよね？

（なんかグイグイ来るわねぇ…）残念ながら……

ダメなんですか？

ダメとは言いませんが、キャンペーン商品を売っている場合も多いですから、それを信じて購入するというのは危険かもしれません。

ラクしようとすると何かしら罠がありますからねえ。苦労は買ってでもしろと言いますし、

一つひとつチェックポイントを見て商品を選んでください！

ランキングとか推奨銘柄から選ぶならラクだと思ったのに……

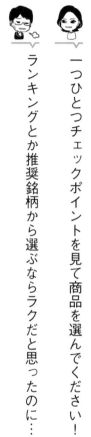

第6章

投信の買い方ひとつで結果は変わりますよ！

「投信を一気に買うか、積み立てて買うか」、どちらにしてもでも結果に大きな影響を与えます。また、つみたてＮＩＳＡやｉＤｅＣｏなどを使うことで税金面が優遇されます。

どうやって買うかを考えていきましょう
買い方でもリスクやリターンが変わるのですねぇ

投信を買うにはどうしたらいいの？

どの投信にするかも決まってきたし、そろそろ買ってみようかな！

待ってください。早い、まだ早いですよ。八柳さん。

どうしたんですか？

投信には積み立てをするのか、一括購入をするのか、分散投資など、買い方も自分に合った方法を選べるんです。

ええ！　投信を選んで買うだけじゃないんですか？

一度でまとめて投資信託を購入するのもひとつの手ではありますが、リスクを抑えるために投資するタイミングを分散したりと、買い方によってリスクを減らすことができます。

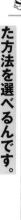

投信を選ぶだけじゃなくて、どうやって買うかも考えないといけないなんて……

それほど買い方に種類があるわけではないので、ひとつひとつメリットとデメリットを確認して自分にとってどれがいいのかを考えていきましょう。

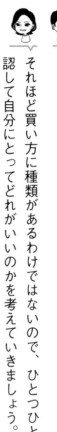

積み立てと一括購入はリスクを考えて

八柳さんはただ買うだけと言っていましたが、どのように買おうとしていたんですか？

え？　普通に一回で買おうかなと

投信を買うのは老後のためですよね？　老後の生活資金を蓄えるための資産運用ならある程度まとまった金額を投資する必要がありますが、可能ですか？

あ……無理ですね。今の時点でまとまった資金があったら老後の不安もないです。

まとまったお金が手元にあったとして、はじめて投資信託を購入するのに、それを一気に投資することはできますか？

その勇気はないですね……

そうですよね。価格変動リスクを思い出してください。それに買った時点が天井だった場合は、高値掴みになって損失が発生してしまう可能性があります。老後のための資金をつくるにはリスクが高いと思いませんか？

そこまで心配する必要があるんですか？

株価は上がることもあれば、下がる可能性もあります。株価が今後20年、30年先も上がるかは誰にもわからないということは頭に入れておくべきです。

むむむ、どうすればいいんですか？

リスクを抑える方法として時間分散というものがあります。**分散投資には、投資先を分散させる方法のほか、時間を分散させて投資するタイミングを分散させる時間分散があります。**

どういうことですか？

毎月１日に１万円といったように、毎月決まった日に決まった金額を投資することで、投資するタイミングを分散することができます。投資する日がいつも同じ価格ではありませんから、購入する回数をずらして複数回にすることで、取得価格をならす、いわゆる平均化させることができるのです。

うーん、よくわからない。

たとえば、購入しようとしている投信が１月１日に７０００円、２月１日は１万１０００円、３月１日は６０００円だとしますよね。２月に投信を一括購入した場合は、１月と３月に比べて割高で購入することになります。しかし、１月、２月、３月に分けて購入することができれば、平均価格である９９８９円で購入したことになります。

それなら、３月に一気に買ったほうがよくないですか？

ドルコスト平均法

毎月1日に3万円購入した場合

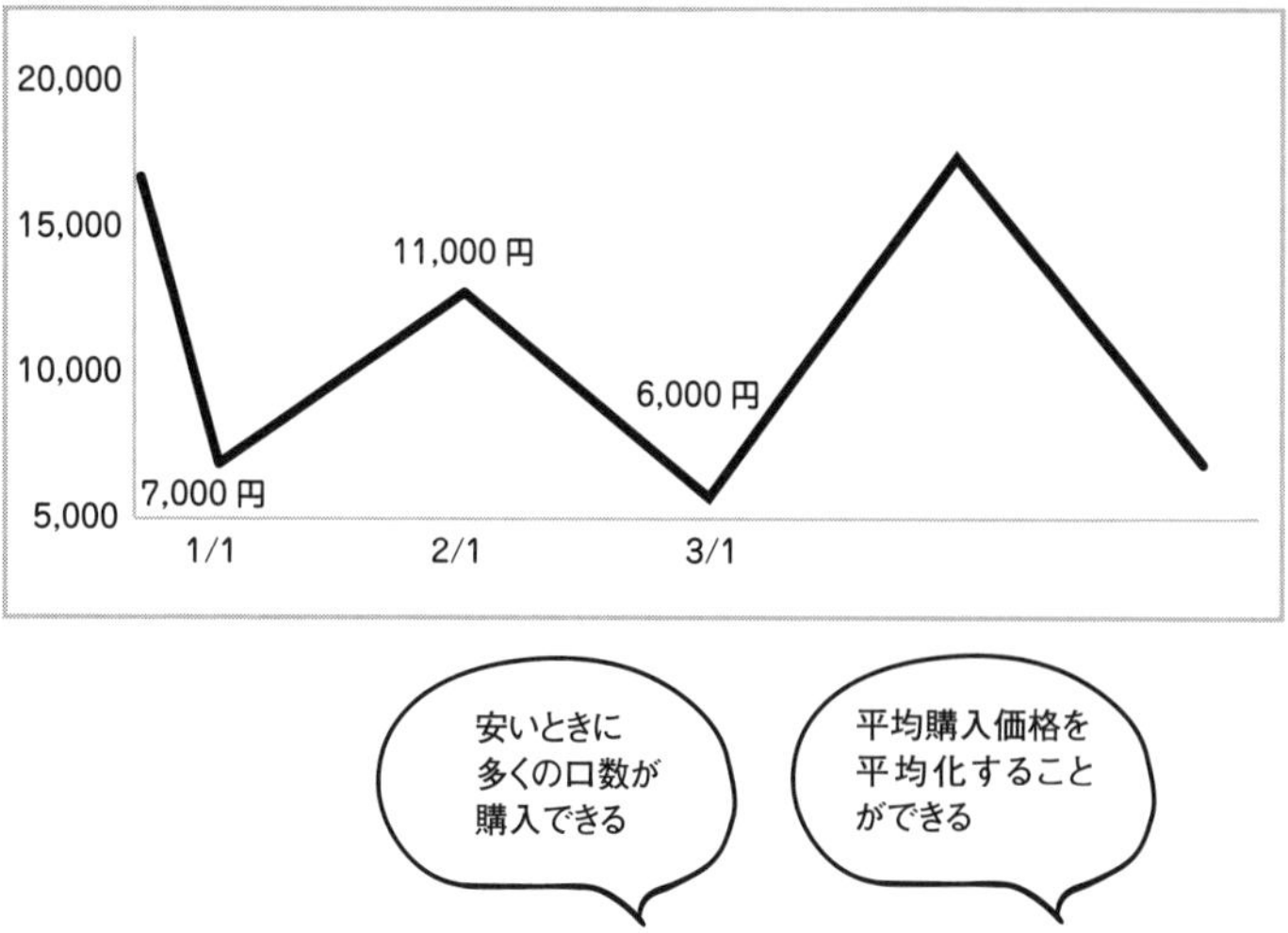

	1月1日	2月1日	3月1日	合計	平均購入価格
購入口数	42,857口	27,272口	50,000口	120,129口	9989円
購入金額	30,000円	30,000円	30,000円	120,000円	

ドルコスト平均法は毎月決まった日に決まった金額を投資することで、取得価格を平均化することができる。

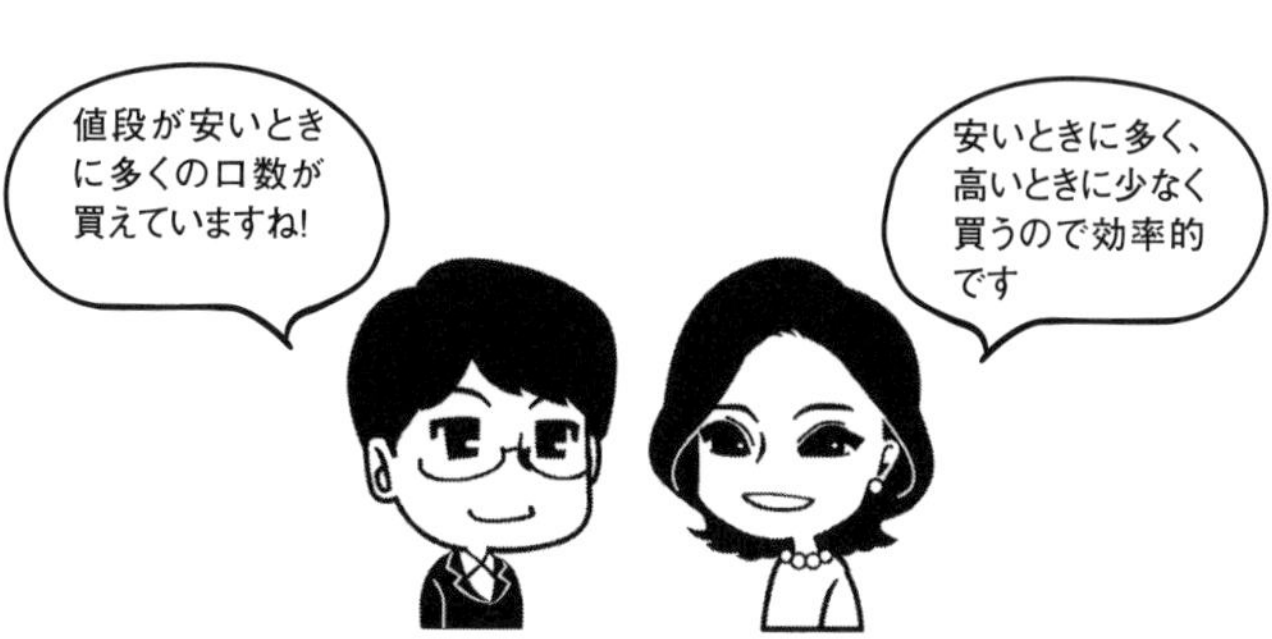

3月時点で一番安いかどうかはわかりませんよ？　4月になったら5000円になっているかもしれないし、逆に1万2000円に値上がりしているかもしれません。安いタイミングは後にならないとわからないので、これから買おうとするときに考えるのは現実的ではありませんね。その点、時間分散という方法を利用すれば、今が高いのか、それとも安いのか悩むことは少なくなりますから、精神的な負担も減ると思います。

たしかに、いつが安くて、いつが高いのかを気にしながら購入するのはストレスがかかりそう。

このようにあらかじめ決めた一定の金額で定期的に購入することをドルコスト平均法と言います。長期的な資産形成をするときには有効な方法だとされています。

デメリットはないんですか？

ノーロードではない投信の場合は、購入のたびに手数料がかかりますし、自分で定期的に購入して積み立てていくということは難しいでしょうから、最初から積み立てタイプを選

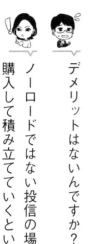

ぶことにはなるでしょう。

僕はノーロードしか買う気はないので問題ないですね！

それなら積み立てのほうが良いですね。

ところで、コロナみたいな相場が大きく変動したときも気にせず買うんですか？

むしろ株価が下がっているときほど時間分散の効果が発揮されます。一定額で購入するので、株価が下がっているときは多くの口数を購入できます。逆に株価が高いときは少ない口数を購入することになります。つまり、価格が安いときに多く買い、高いときには少なく買うことになるわけです。

そう聞くと効率的に感じますね。

八柳さんは積み立てをするならいくらから始めるつもりですか？

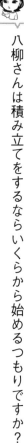

う〜ん。とりあえず1000円から始めてみようかな。……でも、1000円じゃ、目標金額を達成するのは難しいか。

始めるのは1000円でも、途中で増やしてもいいんですよ?

なるほど。……でも、どのタイミングで増やせばいいのですか?

増やすタイミングは、八柳さんが出世して給料が増えたタイミングとか、生活に余裕があるときに増やせばいいですね。

なるほど……

あとは、無理をしないことですね。生活が苦しいのに、積み立てのために毎月1万円投資するのは本末転倒です。

でも、一定額購入するんですよね？

時間を分散して投資するときには無理をしないことです。生活が苦しいときには、無理せずに毎月５０００円に減らしてもいいでしょう。逆に、生活に余裕があれば毎月2万円に増やしてもでもいいのです。ただ、毎月購入する金額を多くしたり少なくするようでは、分散投資の効果が薄れてしまいます。ある程度余裕のある金額を決めれて、計画的に積み立てられるのであれば問題ありませんよ。

無理のない金額を設定することが重要なんですね。

自動積み立てサービスを利用すればラク

積み立てをするなら自動積み立てサービスを利用するといいですね。

自動で積み立てをしてくれるんですか？

そうです。毎月決まった日に同じ額を積み立てしてくれるサービスですね。

それって費用は……？

多くの金融機関では無料なので安心してください。

タダで使えるんなら、やってみようかな。

初心者の人にありがちなのですが、自分で積み立てをしようとすると、どうしても買うタイミングを考えてしまうんですよね。

それってダメなんですか？

ダメというか、安くなったタイミングで買おうって気持ちが強くなりすぎて、結局買えずじまいになってしまうんですよ。

あぁ、確かに僕も自分で買おうとしたら、今か？　もうちょっと下がったらか？　ってなってずっと買えなくなってしまいそう……

さきほど説明しましたが、積み立ては余計なことを考えず淡々と行うことが重要なので、やると決めたら自動積み立てサービスを使ったほうがラクなんですよ。

自分でやるとついうっかり積み立てするのを忘れたりもしそうですもんね。

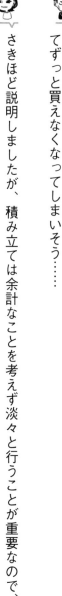

▼つみたてＮＩＳＡとｉＤｅＣｏどちらがいいの？

自分に合った購入方法を決めたら、どういう制度を利用して投資信託を購入するのかも考えてみましょう。たとえば、つみたてＮＩＳＡやｉＤｅＣｏといった制度を使うかも考えてみましょう。

口座の説明のときに話されてましたよね。

このふたつは税制優遇を受けることができます。**つみたてＮＩＳＡは運用益に、ｉＤｅＣｏは運用益に加えて、掛け金の全額所得控除や受取時の控除があります。**

税金ってどれくらいかかるんですか？

譲渡益や分配金などの利益分に対して原則２０．３１５％かかりますね。

つみたてNISAとiDeCoの特徴

	つみたてNISA	一般ＮＩＳＡ	iDeCo
年間投資上限	40万円	120万円	14万4000円～81万6000円
運用期間	20年間	5年間	60歳まで
税制優遇	運用益非課税	運用益非課税	運用益非課税 掛け金の全額所得控除 受領時の公的年金等控除 受領時の退職所得控除
払い出し制限	なし	なし	原則60歳以上
購入できる商品	条件を満たした投信･ETF	株・ETF・投信・REIT	一部の投信・預金・保険
売買方式	自動積立	自分で売買	自動積立

※一般 NISA は 2023 年に新規投資枠が終了し、2024 年から新 NISA がスタート

長期投資ならつみたてNISAが手軽に始められそう
制度によって対象商品や運用期間が異なります

ええ！　そんなにかかるんですか！　せっかく稼いでも5分の1以上持っていかれるなんて……

そこで、つみたてNISAを使えば20年間、iDeCoは60歳までの税制優遇があります。

どっちも長期間の税制優遇がありますが、iDeCoのほうが受けられる控除が多いしお得なのかな？

お得度でいえば、iDeCoのほうが優秀なのですが、原則として60歳になるまでお金を引き出せないデメリットがあるんですよね。

自分のお金のなのに引き出せないんですか！

そうなんです。絶対に引き出さないというのであれば、iDeCoでもいいんですが、長期での運用を考えているのなら、自由に引き出せないのは不便です。

う〜ん。老後のための投資とはいえ、引き出せないのはちょっと困るかなあ。

その点、つみたてNISAは優遇面はiDeCoに劣りますが、途中で引き出すことができるのは大きなメリットといえますね。

他にデメリットはありますか？

つみたてNISAとiDeCoはともに、運用する商品は指定された中から選ばないといけないんです。ただ、考えようによっては、投資先がある程度絞り込まれているほうが選びやすいと考えることもできます。あらかじめ絞られているほうが選びやすいかもしれないですね。

膨大な量から選ぶよりも、選びやすいのかもしれませんね。

あとは、どちらも自動積立をする必要があります。

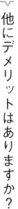

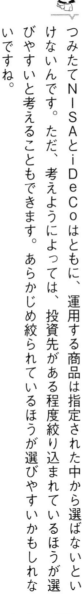

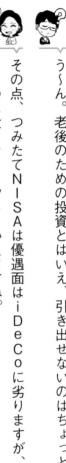

先ほど教えてもらったサービスですね。

そうです。自動積立サービスを使わないとつみたてＮＩＳＡやｉＤｅＣｏを利用することができません。ちなみに、積み立て金額は途中で変更することもできます。

まあ、名前に「積み立て」ってついてますもんね。やっぱり途中で引き出せないのがネックだし、僕はつみたてＮＩＳＡのほうがいいかなあ。

ちなみに、つみたてＮＩＳＡが適用できるのは年間40万円までなので注意してください。

年間40万円というと月３万３０００円くらいか。思ったより低いかな？

上限金額が年間１２０万円と多い一般ＮＩＳＡもあるのですが、こちらは税制優遇期間が５年しかないんですよね。

５年はちょっと短すぎますね。アクティブ型ならいいかもしれませんが……

一般ＮＩＳＡはどちらかというと短期売買に適しているので、投信で長期運用をするならつみたてＮＩＳＡのほうがいいですね。

積み立て投資でお金を増やすぞ!
生活に無理のない範囲で積み立ててくださいね

第7章

お金を増やすためには、買ってからの対応も大事です

投信を買ったらあとはほったらかし……というわけにはいきません。基準価額が大きく下がったときや利益確定をするタイミングを考える必要があります。

確かに大事ですが、
頻繁には
やらないですよ
購入すればラク
できると思ったの
ですがぁ…

▼購入したら後はＯＫ…というわけではないです

安心できる投信も選んで、買い方も間違いがないようにしたし、あとは寝て待てですかね！

安心するのはまだ早いですよ。実は購入したあとにもやることはあります。

ええ！　これで老後の心配がなくなったと思ったのに……

投資信託を保有している間に、急激に基準価額が下がることがあります。そういった時にそのまま持ち続けるのか判断したり、自分で基準を決めてポートフォリオを作ったのであれば、自分でリバランスを行う必要があります。

またまた、脅して～。リバランスはともかく大丈夫な投信を選んだのだから！　……本当にその心配もすべきですか……？

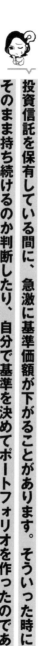

大丈夫な投信を選んでも、「もしも」はあります。その場その場で考えるのは難しいので、あらかじめ「こういう事態になったらこうしよう！」と決めておくのが大事です。

備えあれば憂いなしってことですね。

そうです。事前にどんな事態が起きる可能性があるのかを考えて、その対処法を考えていきましょう。

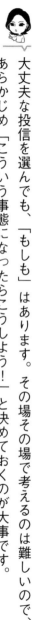

基準価額が下がったらどうするの？

八柳さんは投信保有中に起こってほしくないことはなんですか？

お金が減るのは嫌です！

それはみんな嫌です。お金が減るということは、つまり基準価額が下落することです。基準価格が買った時よりも値下がりしたら損失が発生します。どうしますか？

え……どうしたらいいんだろう……投信を解約するのがいいのかな？

それもひとつの手ですね。ただ、その場合、どのくらい下がったら売るつもりですか？

うーん。どれくらいだろう……

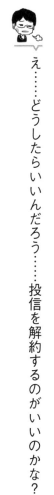

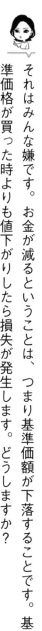

不測の事態が発生して基準価額が下落したときに、どう行動するのかをあらかじめ決めておくことが大事です。基準価額はずっと上がり続けることはなく、ときには下がることもあります。一時的な下落に不安になって勢いで売ってしまって、結果的に損になってしまうこともあります。

どれくらい下がったときに解約すればいいとか基準はあるのでしょうか？

その前に、まず本当に解約するべきなのかを考えましょう。

どういうことですか？

もし基準価額が下がっても、投資している投信に成長が見込めそうなのであれば解約する必要はないかもしれません。特に2020年のコロナウイルスのときのように世界的に株価が落ち込んでいるときは悲観的になりやすいですが、結果的に株価は戻りました。基準価額が下がったときに、何が原因で下落しているのか、そして、今すぐ売却すべきなのかを考えることが大切です。

でも、ニュースで感染者が～～とかで大騒ぎしてると不安です。

短期で取引している人は目の前の価格動向に一喜一憂しても仕方ありませんが、長期運用であれば結果が出るのは十数年先です。結果論ではありますが、コロナショックの影響は投資対象によって大きく異なりましたから、不測の事態にどういった行動を起こすべきなのかは考えておくべきです。

言われてみればそうですね……

今後も有望な投資信託なのであれば、基準価額が下がった場合は、安く投資信託を買えることになりますから、買い増しのチャンスでもあります。

平均購入価格を安くすることができるチャンスなのか！

安いときにほかの投信に乗り換える方法もあります。

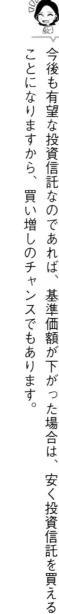

乗り換える？

乗り換えるということは、その時点の資産すべてをほかの投信に移すということです。将来値上がりが期待できる投信なのか、慎重に判断を下さなければなりません。万一乗り換えたタイミングが天井だった場合、高値掴みになる恐れもあります。他の投信に乗り換える場合は、なぜ乗り換えるのかを考えなくてはなりませんね。

天井だったら怖いなぁ。

あと、八柳さんが運用をしようと考えているインデックス型はベンチマークが同じなら、基本的にどれも動きは一緒になります。ですから、乗り換え先が同じベンチマークのファンドなら、乗り換える必要はないということになりますよ。

なるほど。

基本的に長期でファンドを積み立てながら運用を行っていくのであれば、自然と価格をならしていくことができますから、目先の動きに一喜一憂する必要はないでしょう。ただ、ベンチマークとしている指数が大きく変動したときには、なぜ変動したのかその理由だけは確認しておいたほうがよいですね。

どういうことですか？

理由を把握することができれば、今購入しているファンドをこのまま購入したほうがいいのか、それとも新たなファンドに投資したほうがいいのか、今後の投資方針をしっかりと決めることができるからです。たとえば、コロナのときには大きく値下がりをしました。ただ値下がりするのを見ていたら、どこまで下がるのかと心配になりますよね？

たしかに、心配になってパニックになっていたかも……

でも、値下がりしている理由がわかれば、その次に自分がとるべき行動が何なのかを明らかにできます。コロナウイルスの感染拡大が落ち着いたり、政府が経済支援を行ってくれ

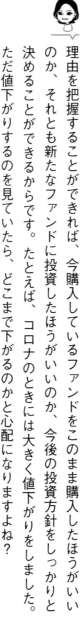

るとか、いろいろな情報が日々出てきますから、それらが株価に与える影響を自分自身で調査していくことが大切ですね。

何もわからずに基準価額の上下だけを気にしていると不安になってしまうけど、理由がはっきりすれば安心できますね。でも、理由ってどうやって確認するんですか？

ニュースを見ていればわかりますよ。株価が大きく下がったり上がったりしたときは、ニュースでこういう理由で動きましたって報道されているので、それを確認しましょう。

ああ、そういえばコロナのときもネットニュースとかで話題になっていたかも。

なにかしら大きな異変が発生したときは、ニュースを確認して理由を探すといいですね。

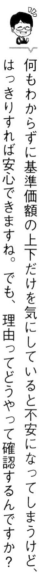

資産の割合を調整するリバランスとは？

先生、以前ポートフォリオについて説明してもらいましたけど、運用していくなかでポートフォリオのバランスがだんだん変わっていったときはほったらかしでもいいんですか？

いいところに気が付きましたね。**当初決めたポートフォリオから割合が変動していったときに、それを当初の割合に調整することをリバランスと言います。**たとえば株投信を50％、債券投信50％と決めていたのに、株投信が70％、債券投信が30％になってしまったら、株投信を少し売って債券投信を買い、バランスを整えることが大切です。

いつのまにかに資産の大半を株が占めていたら……と考えるとリスクが高そうで怖いですね。

リスクをあまりとりたくないと考えていたとしましょう。リバランスをせずに放っておいたら、資産の大半を株ファンドが占めてしまう状況になってしまったら、リスクが高すぎ

ることになります。

それは不安ですね。

そうです。ただ、リバランスは半年～1年に1回程度で十分です。

え？　頻繁に調整したほうがよくないですか？

前にも説明しましたが、投信を解約するときには税金がかかります。リバランスを行うと税金分が目減りしてしまうので、頻繁に行うのはもったいないですね。それに頻繁にするのは面倒だと思いませんか？

言われてみればたしかに。手間なく投資したいのに本末転倒になってしまう……

そう思うのであれば、バランス型ファンドならその作業を行ってくれますから気にする必要はないです。

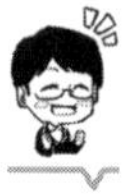

バランス型ファンドはラクそうなところがいいなー。

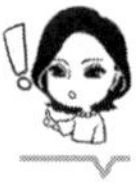

その分、コストが少し高めですけどね。

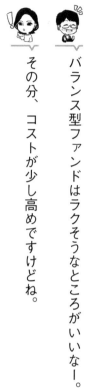

利益確定はどうするの？

横山先生、利益確定はいつすればいいんですか？

当初の予定どおり老後生活に突入したタイミングや不測の事態が起こってしまったときなどです。

一気に利益確定していいんですか？

必要な分がよいでしょう。老後の生活になっても毎年とか毎月定期的に引き出せばいいですし、不測の事態が起こったときも必要な分だけで十分ですよね？

まあ、そうですね。

一気に解約してしまうと、お金の使い方がよくわからない人は無駄遣いしてしまいがちです。必要分だけ解約したほうが、計画的に使えるからいいですね。

僕も大金手に入れたら使っちゃいそう……

せっかく老後のために増やしたのですから、無駄遣いとかには気をつけてくださいね。

肝に銘じておきます。

みんなが解約するから、自分も解約するというわけではなくて。自分の考えから解約するタイミングを決めるようにしてください。

周りに流されないように気をつけます。

おわりに

横山先生、今回は投信についていろいろと教えていただきありがとうございました。これで、安心して老後生活を送れそうです！

八柳さんは老後までまだまだ時間があるので、投資環境に注視してくださいね。

投資環境ですか？

そうです。20年後、30年後に投資環境はどうなっているかはわかりません。２０２０年の時点では説明したような投資でいいかもしれませんが、将来はどうなるかはわかりません。

そんなに大きく変わるものなのですか？

変わるかもしれないし、変わらないかもしれません。ただ、変わったときに対処できるよ

うにしておくことが大事ですね。

なるほど……。具体的にはどうしたらいいんでしょう？

日経平均やS&P500の動きを見たり、経済系のニュースでどんなことが話題になっているかを見ておくだけでも違いますよ。

仕事から帰ったら、ニュースを見るようにします！

それに投資に関する新しい制度ができるかもしれません。

つみたてNISAやiDeCoみたいなのですか？

そうですね。一般NISAができたのは2014年ですし、iDeCoは2017年に加入対象者が拡大したことによって使いやすくなりました。今後も投資家にとって有利な制度ができる可能性もあります。

そういった、お得な制度には目を光らせといたほうが良さそうですね！

ちなみに、２０２４年にはＮＩＳＡ制度の改正があります。

え？　そうなんですか？　今回つみたてＮＩＳＡを開設した僕には影響はあるのでしょうか？

つみたてＮＩＳＡに関しては口座開設可能期間が２０３７年までだったのが、２０４２年まで延長される程度なので、影響はないですね。

それならよかった。

一般ＮＩＳＡは構造や投資上限額が変わったりと、少し複雑になりましたね。

難しくなるのは嫌だなぁ。

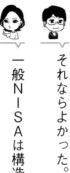

今後も改正が行われたり、新しい制度がはじまる可能性はあるので、投資関連のニュースにはアンテナを張っておきましょう。

ちゃんとニュースはチェックしておこう。

あとは、余裕があれば、投信が運用している金融商品についても調べるのもいいかもしれませんね。

株式とかですか？

投信が運用している商品について理解が深まれば、さらに投信の運用にも役立ちますからね。

余裕があれば、頑張ってみます！

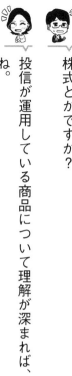

失敗しない
投資信託
を教えてください

2021年1月1日　発行

執筆	柳生大穂
解説・監修	横山利香
デザイン	ili_design
DTP・図版作成	有限会社バウンド
イラスト	麻生小百合

発行人	佐藤孔建
編集人	梅村俊広
発行・発売	〒160-0008 東京都新宿区四谷三栄町12-4 竹田ビル3F TEL：03-6380-6132
印刷所	株式会社シナノ

●本書の内容についてのお問い合わせは、下記メールアドレスにて、書名、ページ数とどこの箇所かを明記の上、ご連絡ください。ご質問の内容によってはお答えできないものや返答に時間がかかってしまうものもあります。予めご了承ください。

●お電話での質問、本書の内容を超えるご質問などには一切お答えできませんので、予めご了承ください。

●落丁本、乱丁本など不良品については、小社営業部（TEL:03-6380-6132）までお願いします。

e-mail：info@standards.co.jp

【お読みください】

投資信託は、元本の補償がない損失が発生するリスクを伴う取引です。

本書は情報の提供を目的としたもので、その手法や知識について、勧誘や売買を推奨するものではありません。

本書で解説している内容に関して万全を期しておりますが、その情報の正確性及び完全性を保証するものではありません。

製作、販売、および著者は、本書の情報による投資の結果に責任を負いません。

実際の投資にはご自身の判断と責任でご判断ください。